Brigitte Seidl-Lichtenberg & Sebastian Lichtenberg

Die Praxis der Energieheilung

Brigitte Seidl-Lichtenberg
& Sebastian Lichtenberg

Die Praxis der Energieheilung

Aktiviere deine Selbstheilungskräfte

Energiearbeit und Quantenheilung

Aquamarin Verlag

ISBN 978-3-89427-945-5

1. Auflage 2024

Voglherd 1 • D-85567 Grafing
www.aquamarin-verlag.de

Umschlaggestaltung: Annette Wagner
Lektorat: Annerose Sieck

Druck: CPI • Birkach

INHALT

EINLEITUNG

Wir freuen uns sehr, Ihnen unser Buch »Die Praxis der Energieheilung« vorstellen zu dürfen. Wir, Brigitte Seidl und Sebastian Lichtenberg, haben vor über 25 Jahren die *Deutsche Heilerschule* gegründet und bilden Menschen in Energiemedizin und Quantenheilung aus. Sowohl zur Selbstanwendung als auch in der professionellen Arbeit mit anderen Energieheilkunde-Systemen spielt diese Arbeit eine wichtige Rolle in unserem Leben. Es ist eine von Dogmen befreite Praxis, die wir nicht nur lehren, sondern auch jeden Tag leben. Energieheilkunde beinhaltet auch das Wissen über das Zusammenleben mit anderen Lebewesen, ob Menschen, Tiere oder Pflanzen. Alles, was lebendig ist, trägt eine eigene Schwingungsfrequenz und diese kann auf uns positiv oder negativ wirken.

Unser großes Interesse galt immer den alternativen Heiltechniken und Naturheilverfahren, und unsere ständige Suche nach neuen Möglichkeiten der Heilung hat uns immer wieder mit neuen Hinweisen und Erfahrungen beschenkt. Die traditionelle westliche Medizin hat uns den Eindruck vermittelt, dass die Gesundheitsprobleme nur oberflächlich betrachtet werden.

Während unserer Suche lernten wir eine andere Sichtweise auf die Gesundheit und das Leben kennen: aus der Perspektive des Gleichgewichts von Körper, Geist und Seele. Diese Erfahrung und das Verständnis darüber, was Gesundheit ist und wie wir diese erhalten können, ist das grundlegende Wissen, welches wir vermitteln möchten.

Wir sind davon überzeugt, dass jeder Mensch die Fähigkeit besitzt, seine eigene Heilung und Transformation zu fördern, indem er seine Energie und seinen Geist nutzt.

Ihr Körper, Ihr Geist und Ihre Seele besitzen eine angeborene Intelligenz. Es gibt eine schöpferische Kraft – nennen wir sie Gott, das Göttliche, die universelle Intelligenz, Quellenenergie (oder welcher Begriff auch immer zu Ihrem Glaubenssystem gehört) –, die Sie erschaffen hat und ununterbrochen intelligent in Ihnen wirkt. Geistheilung oder Energieheilkunde verbindet Sie wieder mit dieser Intelligenz und hilft der Kraft, die Ihren Körper erschaffen hat, wieder in die Heilung zu bringen. Einfache Techniken, wie in diesem Buch beschrieben, die lediglich ein paar Minuten am Tag in Anspruch nehmen, können Ihnen dabei helfen, emotional, spirituell, geistig und körperlich gesund zu werden und vor allem gesund zu bleiben. Wir stellen Ihnen verschiedene Grundheilungstechniken vor, die sich auf unterschiedlichen Ebenen unseres Seins positiv auswirken können.

In diesem Buch erklären wir die Grundprinzipien der Energieheilkunde und zeigen, wie sie angewendet werden können, um körperliche, emotionale und spirituelle Heilung und persönliche Harmonie zu unterstützen. Wir erklären zudem die Energieheilkunde aus wissenschaftlicher Sicht, welche auf den Erkenntnissen der Quantenphysik basiert und dadurch schnellere Heilungserfolge ermöglicht.

Eine wichtige Grundlage der Energieheilkunde sind Atemübungen. Durch bewusstes Atmen können wir unsere Energie aktivieren und harmonisieren. Wir beschreiben Ihnen in diesem Buch verschiedene Atemübungen, die Sie in Ihren Alltag integrieren können, um Energie und Schwingung zu erhöhen und Ihre Selbstheilungskräfte zu aktivieren. Dies, kombiniert mit den neuesten Techniken der Bewusstseinsarbeit, ermöglicht Ihnen, sich von negativen Glaubenssätzen und Emotionen zu befreien.

Wir möchten Sie ermutigen, Ihre eigenen Fähigkeiten zur Selbstheilung oder zur Unterstützung anderer zu entdecken und zu entfalten. Deshalb geben wir Ihnen auch praktische Übungen an die Hand, mit denen Sie Ihre Energie und Ihre Selbstheilungskräfte aktivieren können. Ein grundlegendes Verständnis von Chakras und Energiekörpern, das wir Ihnen in diesem Buch ebenfalls vermitteln, ist essenziell für die Energieheilkunde und das geistige Heilen. Unser Ziel ist es, dass Sie sich inspiriert und gestärkt fühlen.

Wir bedanken uns herzlich für Ihr Interesse und wünschen Ihnen viel Freude beim Lesen und Entdecken der faszinierenden Welt Ihrer persönlichen Heilreise.

DIE REISE ZU IHREM WAHREN SELBST

Heute beginnt wohl eine der schönsten Reisen Ihres Lebens. Jede Erfahrung, die Sie dabei machen, wird Ihren Blick auf sich selbst und auf die Welt, in die Sie hineingeboren wurden, verändern. Die Manifestation Ihrer neuen Fähigkeiten wird eine größere Verantwortung für Ihr Leben und für das Leben anderer mit sich bringen. Sie werden in der Lage sein, die Gesetze der Welt um Sie herum zu verstehen und spüren, dass Sie Teil eines einzigartigen Systems des Universums sind. Daraus folgt unmittelbar der innere Wunsch, Ihre Welt harmonisch und hell zu gestalten (und andere dabei zu inspirieren, das Gleiche zu tun).

Wir leben in einem Energie-Informationsraum. Deshalb ist es wichtig, Ihr Verständnis für die Welt um Sie herum zu erweitern. Wir werden Sie inspirieren, dieses alte und neue Wissen zu entdecken und zu erforschen, und – was essenziell ist – Ihnen zeigen, wie Sie dieses Wissen in der Praxis anwenden können. Sie können damit Ihr eigenes Leben kompetent und effektiv gestalten, ohne den unsichtbaren, aber mächtigen hermetischen Gesetzen unserer Welt zu widersprechen.

Jeder Mensch besitzt eine Vielzahl von Fähigkeiten, die heute als übersinnlich bezeichnet werden. Man ist jedoch überzeugt, dass sie für »normale Menschen« unzugänglich sind. Dies ist nicht richtig; denn jeder von uns besitzt diese Eignungen in vollem Umfang, aber durch die ständige Interaktion mit Negativität und destruktiven Gedanken von innen heraus verlieren wir unsere angeborene Klarheit und stumpfen allmählich ab. Wir verlieren den Kontakt zu unseren Anlagen.

Doch jeder Mensch kann diese Fähigkeiten in sich erwecken und bestmöglich entwickeln, und er sollte es auch tun. Die Kombination aus innerer Reinheit und Licht ist der einzige natürliche Zustand des Organismus, der eine harmonische Interaktion mit der umgebenden äußeren Welt und anderen Menschen gewährleistet. Sobald dieser harmonische Zustand verloren geht, treten kleine Probleme auf, die sich dann nach und nach zu großen Problemen ausweiten können. Das Leben wird schwieriger und schwieriger.

Deshalb ist es unsere Hauptaufgabe, zu unserer ursprünglichen Reinheit und Klarheit zurückzukehren, um diese Negativität abzuschütteln und anderen zu helfen, dies auch zu tun.

Diese Wissenschaft ist für jedermann zugänglich, da sie nichts Neues erfindet, sondern lediglich das gesamte vorhandene Wissen zu einem verbindenden Ganzen materialisiert. Sie erklärt die natürlichen Gesetze und Regeln, nach denen sich die Welt entwickelt hat. Die Entwicklungsstufen sind uns vertraut: Zuerst gab es die vier Energien oder, wie sie genannt werden, die vier **Urelemente – Erde, Feuer, Wasser, Luft.** Durch die Wechselwirkung dieser Energien und ihre Wandlung entstanden die einfachsten zellulären Organismen, aus denen sich im Laufe der Evolution Organismen mit komplexerer Struktur, wie Pflanzen und Tiere, entwickelten. (So die derzeitige Erkenntnis der Wissenschaft.)

Im Laufe der Evolution entstand der Mensch, der nicht nur einen Verstand und ein Bewusstsein besitzt, sondern auch ein fünftes Element, den Geist, der alle Primärelemente miteinander verbindet und uns mit dem Universellen vereint. Er lebt und erlebt dadurch das allgemeine Energie-Informationsfeld, das den höheren Geist und unser höheres Selbst mit allem verbindet. Dies ist der Ursprung des Begriffs der Seele – einer ätherischen Substanz, die nur dem Menschen als denkendem und am feinsten organisiertem individuellen Organismus eigen ist.

Es gibt also ständig zwei Erscheinungen um uns herum: die Energie, die dem physischen menschlichen Körper innewohnt, **und die Information**, die unserem Bewusstsein innewohnt. Energie und Information wirken sowohl im Menschen als auch in der Umwelt und stehen in ständiger Wechselwirkung zueinander und beeinflussen uns unsichtbar. Wir sind auch dann noch energetisch und informell miteinander in Kontakt, wenn wir weit voneinander entfernt sind. Unser Körper liest Informationen aus dem uns umgebenden Raum, und je reiner und heller die Energie eines Menschen ist, desto feinfühliger kann er die Energie- und Informationsflüsse wahrnehmen und körperlich spüren. Wir sind Träger von Energie und Informationen, und unsere Gesundheit, unser beruflicher Erfolg und unser persönliches Glück hängen davon ab, wie gleichmäßig Energie und Information in uns verteilt ist und wie wir miteinander und mit der Welt um uns herum in Verbindung treten.

Das Ziel dieses Buches ist es daher, Ihnen zu zeigen, wie man Energieflüsse sehen und fühlen kann, um dadurch eine Durchführung von Diagnose und Behandlung zu ermöglichen und zentrale Energieflüsse zu kontrollieren, von denen das gesamte Funktionieren unseres Körpers abhängt.

EIN GLÜCKLICHES UND GESUNDES LEBEN IN HARMONIE UND FRIEDEN

Die Probleme, die wir mit uns herumtragen, entstehen durch falsche Denk- und Verhaltensweisen, die wir im Laufe des Lebens und durch unser Umfeld auf- und angenommen haben. Krankheiten können auch durch Energiestörungen, Brüche im Biofeld sowie durch den Einfluss unsichtbarer, zerstörerischer Energiecluster in der Wohnung (Wasseradern, WLAN, Mikrowellen 4G, 5G) hervorgerufen werden.

Befreien Sie sich von bewussten und unbewussten Gefühlen und Gedanken wie Missgunst, Neid, Verwünschungen, Rachegelüsten oder anderen energetischen Attacken und lernen Sie, sich davon zu distanzieren und davor zu schützen. All dies besitzt eine negative Frequenz, und die Hermetik besagt, dass alles, was wir aussenden, zu uns zurückfließt.

Durch die Schaffung einer energetischen Schutzhülle, die unsere natürliche Gesundheit bewahrt und fördert, können wir heil bleiben.

Diese energetische Schutzhülle ist ein Energiefeld, das uns umgibt. Es schützt uns vor negativen, äußerlichen Einflüssen, wie zum Beispiel negativen Gedanken, Emotionen und Energien von anderen. (Der Aufbau dieser Schutzhülle wird ab Seite 116 erklärt.) Wenn es uns gelingt, die vollständige Kontrolle über das eigene Energiesystem zu haben, können wir weitere Programme für die Gesundheit erstellen. Sie können sich zuversichtlich fühlen, sich auf das Glück einstimmen, in Harmonie mit sich selbst leben und sich und die Welt um Sie herum heilen.

Sie werden dann auch verstehen, warum bestimmte Menschen und Ereignisse in Ihr Leben gezogen werden und Sie auf eine bestimmte Art und Weise beeinflussen. Sie werden lernen, zukünftige Ereignisse und Ihren eigenen Charakter durch die Kraft der Gedanken zu formen und schlechte Gewohnheiten abzulegen. Zudem werden Sie die einfachsten Methoden der energetischen Harmonisierung Ihrer Zellen für den Heilungsprozess in Betracht ziehen. Darüber hinaus erfahren Sie, wie Sie sich leicht wieder an Dinge erinnern können, die völlig vergessen schienen, wie Sie Schmerzen kontrollieren und wie Sie Heilungsprozesse beschleunigen können.

Im Laufe der Genesung werden Sie Ihre Intuition so weit entwickeln, dass Ihr sechster Sinn zu einer schöpferischen Kraft wird und somit zu einem Mittel für die Lösung vieler Probleme des täglichen Lebens. Dadurch entsteht ein Gefühl der Lebendigkeit, der Gelassenheit, der Ruhe und des Optimismus, das zu einem großen Teil darauf beruht, dass Sie in der Lage sein werden, Ihr Leben und Ihre Erfahrungen selbst in die Hand zu nehmen. Sie dürfen wieder lernen, eigenverantwortlich zu handeln.

Die Techniken oder Inspirationen, wie wir sie gerne nennen, die in diesem Buch behandelt werden, sind einfach und können leicht erlernt werden, sodass das angebotene Material für jeden Menschen leicht zugänglich ist. Wer regelmäßig übt, wird seine Ergebnisse Tag für Tag verbessern. Alles wird dann automatisch nach Ihrem Willen geschehen. Unsere Ziele sind hochgesteckt, denn sie sind die Ziele einer neuen Generation von freien, geistig und körperlich gesunden Menschen.

Hier die Techniken/Inspirationen im Überblick:

1. Energiestruktur

Es geht darum, ein Verständnis von der Energiestruktur eines Menschen und die grundlegenden Muster der Informationsübermittlung mit der umgebenden Welt zu gewinnen; und es geht darum, die Ursachen für schwerwiegende Probleme im Leben eines Menschen und in der Kommunikation mit den Menschen in seinem Umfeld sowie die Entstehung von Krankheiten aufzuspüren und zu begreifen.

2. Ausbau des Biopotenzials

Das Biopotenzial kann Schmerzen in kurzer Zeit lindern. Es hilft, die gewünschten Eigenschaften aufzubauen und unterstützt die Veredelung des Charakters.

3. Erlernen der Grundtechniken der Atemübungen

Atemübungen regulieren die physiologischen Prozesse im Körper. So entlasten sie beispielsweise von mentalem Stress und Müdigkeit oder versorgen den Körper mit Kraft und Energie und helfen, das Schmerzniveau zu senken.

4. Die Bildung eines starken Schutzschilds um das Biofeld

Damit können Sie sich (oder Ihre Lieben) vor negativen äußeren Einflüssen schützen. Durch das Erlernen einfacher Techniken und Methoden können Sie diese negativen Einflüsse beseitigen.

5. Das Erhöhen der Sensibilität Ihrer Hände

Wichtig für die menschliche Energiestrahlung und um zu verstehen, wie man sich mit der Energie des Kosmos austauschen und diese auch kontrollieren kann, ist das Erlernen der grundlegenden Techniken des Heilens, um die allgemeine Gesundheitsverbesserung zu beherrschen und damit auch das Biofeld zu korrigieren und natürlich, um andere Menschen an dieser wohltuenden Energie teilhaben zu lassen.

Der Mensch ist ein komplexes System aus materiellen und immateriellen Elementen, die auf der Basis von Unterbewusstsein, Bewusstsein und Überbewusstsein interagieren. Die Gesundheit eines Menschen hängt von der Entwicklung und dem Austausch zwischen diesen Ebenen ab. Neben dem physischen Körper besitzt jeder auch einen Energiekörper, der sich aus den Energien der vier Grundelemente zusammensetzt. Um diese Energien positiv nutzen zu können, ist es wichtig, die menschliche Energiestruktur und ihren Einfluss auf den Körper zu verstehen.

»Die Harmonie zwischen Körper, Geist und Seele ist der Schlüssel zu unserer inneren Stärke und der Widerstandsfähigkeit gegenüber Schwierigkeiten des Lebens.«

Brigitte Seidl-Lichtenberg

DIE ENERGIE- UND INFORMATIONSSTRUKTUR EINES MENSCHEN

Die Kenntnisse von Physiologie, Anatomie und Pathologie allein reichen bei Weitem nicht aus, um die Gesundheit wirksam zu gestalten. Leider betrachten manche Fachleute in den verschiedenen Bereichen der modernen Medizin den Menschen als einfachen, gut erforschten Mechanismus, dessen Fehlfunktionen durch die Veränderung einzelner Elemente korrigiert werden können. Ein solcher Ansatz ist meist nicht hilfreich, weil er hauptsächlich darauf abzielt, die Folgen zu beeinflussen, nicht aber die Ursachen zu beseitigen. Der Mensch ist ein komplex organisiertes System, in dem die materielle Basis keineswegs das führende Glied ist, sondern der Ausdruck seelischer, geistiger, mentaler und emotionaler Elemente.

Unterbewusstsein, Bewusstsein und Überbewusstsein – auf diesen drei Säulen ruht unsere körperliche und geistige Gesundheit.

Unser **Unterbewusstsein** wird von der Energie unseres physischen Körpers (oder der Körperenergie) gesteuert, die den Befehlen des Gehirns gehorcht und Informationen über alle Ereignisse und Kenntnisse speichert, die wir im Laufe unseres Lebens erhalten.

Das **Bewusstsein** entspricht einem feinfühligen Energiefeld, das unsere Denkprozesse steuert und die Arbeit des Unterbewusstseins reguliert.

Das **Überbewusstsein** (oder der Geist) verbindet uns mit dem höchsten Geist und den kosmischen Energieflüssen. Ist die Verbindung mit dem Überbewusstsein geschwächt, nimmt die Vitalität spürbar ab.

Je weniger sich diese drei Säulen entwickeln und miteinander austauschen, desto leichter verliert man die Widerstandskraft, was Probleme und Erkrankungen betrifft. Die ständige Arbeit an der Verbesserung des eigenen geistigen und energetischen Informationspotenzials führt im Gegenzug zur Bildung eines starken, soliden Fundaments, das Sie nicht wanken lässt, wenn Sie mit Schwierigkeiten konfrontiert werden. Jeder von uns verfügt nicht nur über einen physischen Körper, sondern besitzt auch einen Energiekörper, der sich aus den Energien der vier Grundelemente zusammensetzt: Erde, Feuer, Wasser und Luft. Es sind die Energien dieser Primärelemente, die unseren Körper und die entsprechenden Energiezentren erfüllen. Um zu lernen, wie man diese Energien positiv für sich selbst verändern kann, ist es notwendig zu verstehen, wie die menschliche Energiestruktur funktioniert und aufgebaut ist und wie sie den Zustand des Körpers beeinflusst.

DIE ENERGIEMEDIZIN AUS SICHT DER QUANTENPHYSIK

Unsere Erklärung für die Wirkung Ihrer Energie und Kraft als Mensch basiert auf den Erkenntnissen der Quantenphysik über Wirkungen, Wirkkräfte und Wechselwirkungen. Die Quantenphysik betrachtet alles, was wir als »Materie« bezeichnen, auf eine völlig neue Art und Weise. Die scheinbar feste Materie, die wir als physische Erscheinung im Äußeren wahrnehmen, besteht im Grunde genommen aus Energie, Licht, Information und Schwingungen. Daher besteht auch jeder Mensch aus Energie, Licht und Information und ist mit anderen Menschen, Tieren, Pflanzen, Dingen und der ganzen Umwelt durch Schwingungen verbunden.

1. Die Unschärferelation besagt, dass es niemals möglich ist, alle Aspekte eines Menschen gleichzeitig zu erfassen. Selbst wenn medizinische Messgeräte verwendet werden, können Untersuchungen seitens des Hausarztes oder im Krankenhaus jeweils nur Teilaspekte des Ganzen erfassen, da der Mensch jeden Tag anders ist.

2. Der Beobachtereffekt besagt, dass die Absicht eines Menschen, die von seiner inneren Grundeinstellung und seinem Bewusstseinsstand getragen wird, sowohl positive als auch negative Auswirkungen auf ein Projekt oder eine therapeutische Behandlung haben kann. Wenn beispielsweise Führungskräfte und Mitarbeiter eines Unternehmens positiv gestimmt und lösungsorientiert in ein Meeting gehen, ist der Ausgang dieses Treffens in der Regel erfreulich.

3. Verschränkungen besagen, dass zwei Teilchen, die irgendwann miteinander Kontakt hatten, auf ewig miteinander verschränkt sind. Es besteht somit eine energetische, informative und alles mit einschließende Verbindung zwischen allem und jedem. Als Menschen sind wir miteinander verbunden und mit allem verschränkt. Man spürt dies, wenn man besonders feinfühlig ist. Miteinander verschränkte Menschen haben eine sehr intensive und emotionale Beziehung zueinander. Wenn man zum Beispiel an jemanden denkt, ruft diese Person möglicherweise genau in diesem Moment an. Wenn man etwas klären möchte, findet man bei der Recherche genau die Antwort im Internet oder in einer Zeitung. Und was der eine denkt, spricht der andere aus.

4. Nicht-Lokalität besagt, dass ein subatomares Teilchen an mehreren Orten gleichzeitig vorhanden sein kann, auch in anderen dreidimensionalen Welten. Als Mensch sind wir auch Teil dieser universellen Dreidimensionalität und nicht nur ein materielles Wesen, sondern auch ein emotionales und geistiges.

5. Wir existieren über die Grenzen unserer physischen Existenz hinaus und können durch unsere Herzresonanz Dinge in unser Feld ziehen, die wir in der materiellen Welt nicht haben. Beispielweise, wenn man plötzlich eine Idee hat oder von jemandem auf eine Idee gebracht wird, befindet man sich in Resonanz mit einem speziellen Thema und bezieht Wissen aus einem anderen Resonanzfeld. Das ist möglich, weil wir emotional und geistig gleichzeitig in verschiedenen Dimensionen agieren.

Die Wechselwirkungen im persönlichen Umfeld sind ein wichtiger Aspekt unseres Lebens. Jeder Mensch steht in einer Verbindung mit anderen Menschen und tauscht auf bewusster und unbewusster Ebene Informationen aus. Diese Verbindungen können sich sowohl im Privatleben als auch im beruflichen Umfeld zeigen. Es ist interessant zu beobachten, warum bestimmte Erlebnisse oder Konflikte ausgelöst werden.

Wenn man diese Naturgesetze täglich anwendet, betrachtet man die Welt mit ganz anderen Augen. Alles ist Teil des großen Ganzen und kommuniziert zeitgleich und unabhängig von Zeit und Raum. Gleichzeitig schwingen die Informationen auf unterschiedlichen Frequenzen und befinden sich in permanenter Veränderung. Der Mensch stellt somit ein fortwährendes, sich stetig wandelndes Informationsfeld dar.

CHAKRAS

DIE MENSCHLICHEN ENERGIEZENTREN UND DIE CHAKRAS

»In der Harmonie unserer Chakras liegt die Kraft, die Körper, Geist und Seele in Einklang bringt und uns mit der Essenz des Lebens verbindet.«

Sebastian Lichtenberg

Der Mensch verfügt über sieben Haupt-Energiezentren (auch Chakras genannt), die sich entlang der Wirbelsäule und auf der Vorderseite des Körpers befinden (siehe Abbildung rechts). Natürlich liegen diese Zentren nicht im physischen Körper, sondern im feinstofflichen Energiekörper. Jedes dieser Zentren ist jedoch mit bestimmten anatomischen Bereichen verbunden, sodass die Schädigung eines Zentrums (Chakra) Krankheiten in den entsprechenden Organen verursachen kann. Werfen wir einen Blick auf jedes einzelne Energiezentrum (Chakra).

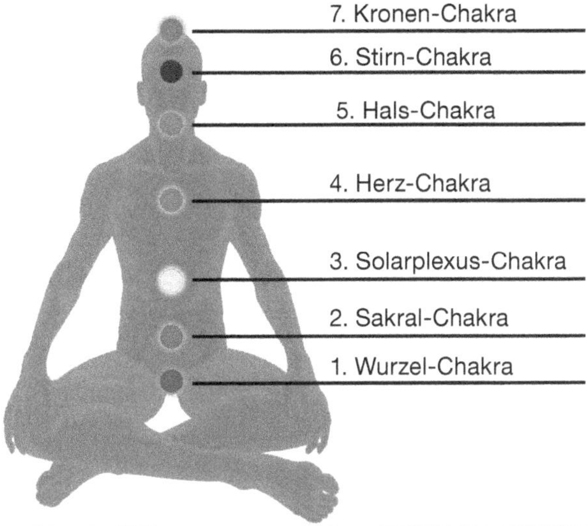

1. Wurzel-Chakra	steht für Lebenskraft, Verbundenheit mit der Erde (Standfestigkeit) und zu sich selbst (Selbstvertrauen). Unser Verhältnis zu materiellen Dingen ist hier verortet.
2. Sakral-Chakra	steht für Kreativität, Beziehungen, Fortpflanzung, tiefe Freude, Lust und Genuss – Loslassen und mit dem Leben fließen.
3. Solarplexus-Chakra	steht für unsere Persönlichkeit. Von hier werden die bewussten Ziele und Veränderungen durch Gefühle und Bedürfnisse hervorgerufen. Das dritte Chakra wird als Energiereserve des Körpers angesehen und vom Feuer des Solarplexus genährt.
4. Herz-Chakra	das Zentrum der Liebe. Hingabe, Selbstlosigkeit, Mitgefühl, Toleranz und Heilung sind nur einige der zugewiesenen Eigenschaften. Das Herz-Chakra nimmt auch die Schönheit in Natur und Kunst wahr.
5. Hals-Chakra	wird als Zentrum der Kommunikation bezeichnet und gilt als Sitz der Wahrheit. Dazu drückt es unsere Gedanken und Gefühle aus, hilft bei der Wahrnehmung der inneren Stimme und ist das Tor zu höheren Bewusstseinsebenen.
6. Stirn-Chakra	gilt als Ort der Intuition und ist Sitz des Geists und Verstands. Steht für die Visualisierungskraft sowie außersinnliche Wahrnehmung, Intuition, Einsicht, Entwicklung der höheren Sinne und Geisteskraft.
7. Kronen-Chakra	ist das Tor zum Universum und das Chakra des höchsten Wissens: Gottvertrauen, Spiritualität, Freiheit, Vollendung – die Demut vor dem universellen Größeren.

DAS ERSTE ZENTRUM (1. CHAKRA – WURZEL-CHAKRA)

Es befindet sich im Bereich des Steißbeins und ist mit dem Großhirn verbunden. Es ist verantwortlich dafür, dass die notwendige Energie, die gebraucht wird, damit der Körper funktioniert, vorhanden ist. Es ist somit die Grundlage für Ihr körperliches Wohlbefinden. Ist seine Funktion gestört bzw. aus dem Gleichgewicht geraten, können Erkrankungen auf **physischer Ebene** auftreten. Außerdem verlangsamt eine Störung des 1. Chakras das Wachstum und die Entwicklung des physischen Körpers. Auf **psychischer Ebene können sich ebenfalls Störungen** entwickeln. Jegliche Art von Blockade bzw. Störung ist auf einen Mangel an Lebensenergie zurückzuführen. Das erste Zentrum ist jedoch leicht wieder ins Gleichgewicht zu bringen, und die Funktionen, die aus dem einen oder anderen Grund beeinträchtigt waren, wiederherzustellen. Seine **Energie** entspricht der Farbfrequenz **Rot** (Erdenergie).

Körperlicher Bezug	Das Wurzel-Chakra ist mit den festen Bestandteilen des Körpers wie Knochen, Wirbelsäule, Zähne und Nägeln verbunden. Es steht auch in engem Zusammenhang mit den Körperfunktionen von Blut, Beckenboden und Darm.
Blockaden/Störungen	Körperliche Auswirkungen können Darm- und Knochenerkrankungen, Gewichtsprobleme, Krampfadern sowie Blutdruckschwankungen mit sich bringen.
Psychischer Bezug	Das Wurzel-Chakra ist mit der emotionalen/mentalen Gesundheit im Bereich von Existenz, Vertrauen, Sicherheit und Materialismus sowie des Lebensantriebs verbunden.

Blockaden/Störungen	Antriebslosigkeit, Anspannung, geringes Selbstvertrauen, das Gefühl, den Boden unter den Füßen zu verlieren, Ängste, depressive Verstimmungen, Schlafstörungen.
Bei Aktivierung	Bei Aktivierung des Wurzel-Chakras können eine starke Lebensenergie, Selbstvertrauen, Erdung, Durchsetzungsvermögen und ein gutes Verbundenheitsgefühl hervortreten.
Transformation des Chakras	Das erste Zentrum (Wurzel-Chakra) löst sich 20 Minuten nach dem Tod einer Person auf.

Um das Wurzel-Chakra zu stärken, gibt es folgende Möglichkeiten:

Im Alltag	Bewegung an der frischen Luft, Wandern, Barfußgehen, Bewegung zur rhythmischen Musik, Tanzen, Yoga; rote Kleidung, Unterwäsche und Socken können aufgrund der Frequenz der Farbe »rot« dazu beitragen, das Chakra zu stärken.
Durch Ernährung	Eiweißhaltige Nahrungsmittel können das Wurzel-Chakra erden. Wenn eine Person sich schwach und orientierungslos fühlt, kann eine Fleischmahlzeit helfen. **Vegetarier** können zu Tofu, Bohnen, Nüssen und Milchprodukten greifen, aber es ist auch wichtig, nicht zu viel Fleisch zu konsumieren, da dies wiederum träge machen kann.
Mit ätherischen Ölen	Bestimmte Düfte wie Nelke, Rosmarin, Ingwer, Zypresse und Zeder können dazu beitragen, das Wurzel-Chakra auszugleichen und zu stärken.

DAS ZWEITE ZENTRUM (2. CHAKRA – SAKRAL- ODER SEXUAL-CHAKRA)

Es befindet sich auf Höhe der Gebärmutter (bei Frauen) bzw. der Prostata (bei Männern). Es ist unter anderem zuständig für den sexuellen Ausdruck und wird auch Beziehungs-Chakra genannt. Ist das zweite Chakra gestört, kann es zu **physischen Erkrankungen** und **psychischen Problemen** kommen.

Aus der Praxis wissen wir, dass es etwa eineinhalb bis zwei (manchmal drei) Jahre dauern kann, bis das Zentrum wieder normal funktioniert. In dieser Zeit kann es daher zu sexuellen Störungen und akuten Konflikten zwischen den Beziehungspartnern kommen. Wenn Sie die daraus entstandenen Probleme nicht allein lösen können, sollten Sie einen professionellen Energetiker/Heiler aufsuchen, der Ihnen hilft, den normalen Energiefluss im zweiten Zentrum wiederherzustellen und dessen normale Funktion zu gewährleisten.

Die **Energie** des zweiten Zentrums (Sakral-Chakra) entspricht der Farbfrequenz **Orange** – (Feuerenergie/das Magma der Erde).

Körperlicher Bezug	Das Sakral-Chakra beeinflusst alle Körpersäfte wie Blut, Lymphe, Schweiß, Verdauungssäfte, Sperma und Urin sowie die Tränen. Es steuert auch die Hormone der Eierstöcke, Keimdrüsen und Hoden.
Blockaden /Störungen	Eine Beeinträchtigung des Sakral-Chakras kann sich als Frigidität und Impotenz oder als Sexsucht äußern. Körperliche Symptome können Übergewicht oder Magersucht sein. Darüber hinaus kann es zu Harnproblemen, Menstruationsbeschwerden, Unfruchtbarkeit, Gebärmuttermyomen, Prostataleiden sowie Blähungen und Darmkrämpfen kommen.

Psychischer Bezug	Ein Ungleichgewicht im Sakral-Chakra kann sich auf unsere Lebensfreude und unsere Fähigkeit, das Leben zu genießen, auswirken.
Blockaden /Störungen	Auf emotionaler Ebene können Gefühle von Einsamkeit, Neid, Eifersucht und Trauer auftreten.
Bei Aktivierung	Menschen mit einem aktivierten zweiten Chakra können sich auf andere Menschen und Meinungen einlassen, haben ein vitales Sexualleben, sind begeisterungsfähig, kreativ und lebensbejahend.
Transformation des Chakras	Das Sakral-Chakra löst sich am dritten Tag nach dem Tod eines Menschen auf.

Um das Sakral-Chakra zu stärken, gibt es folgende Möglichkeiten:

Im Alltag	Den Kontakt zu Wasser suchen, viel baden, schwimmen, reichlich trinken und am Meer/See/Fluss/Bach spazieren gehen. Kreative Tätigkeiten wie Malen und orangefarbene Einrichtungsgegenstände oder Kleidung können unterstützend wirken.
Durch Ernährung	Wasser, Kräutertees und Säfte können den Reinigungsprozess unterstützen. Daher sollte man täglich mindestens zwei Liter trinken.
Mit ätherischen Ölen	Bestimmte Düfte wie Ylang-Ylang, Sandelholz, Myrrhe, Pfeffer, Vanille, Bitterorange und Orange können dazu beitragen, das Sakral-Chakra zu stärken und auszugleichen.

DAS DRITTE ZENTRUM (3. CHAKRA – SOLARPLEXUS)

Das Solarplexus-Chakra befindet sich eine Handbreit über dem Nabel. Er steuert die Funktion der Bauch- und Verdauungsorgane. Ist es blockiert, führt dies zu **physischen und psychischen Störungen**. Durch die Wiederherstellung des Gleichgewichts können Probleme mit dem Stoffwechsel und Funktionsstörungen von Organen und Systemen aufgelöst werden.

Die **Energie** des dritten Zentrums (Solarplexus) entspricht der Farbfrequenz **Gelb** (Feuerenergie).

Körperlicher Bezug	Der Solarplexus nährt Leber, Magen, Galle und das vegetative Nervensystem.
Blockaden/Störungen	Eine Blockade kann sich äußern in Sodbrennen, Verdauungsproblemen, Magengeschwüren, Problemen mit der Bauchspeicheldrüse, Diabetes und Übergewicht.
Psychischer Bezug	Das dritte Chakra steht für die Selbstwahrnehmung unserer Person, das Selbstkonzept, ein Ruhen in der eigenen Mitte.
Blockaden/Störungen:	Eine Blockade des Solarplexus äußert sich vor allem in Extremen: Sie können sich in Minderwertigkeitsgefühlen und Kraftlosigkeit, aber auch in Aggressivität, Wutausbrüchen und Machtbesessenheit äußern.
Bei Aktivierung	Durch die Aktivierung des dritten Chakras können Willenskraft, starke Nerven, Entscheidungen aus dem Bauch heraus, ein inneres Glücksgefühl und Lust an der eigenen Macht (im positiven Sinne) entstehen.
Transformation des Chakras	Das dritte Zentrum löst sich am neunten Tag nach dem Tod einer Person auf.

Um das Solarplexus-Chakra zu stärken, gibt es folgende Möglichkeiten:

Im Alltag	Neben gelben Blumen können tiefe Bauchatmung, gefühlvolle Musik, Kerzenlicht, Kaminfeuer und kurze Sonnenbäder dabei helfen, das Solarplexus-Chakra zu stärken.
Durch Ernährung	Kohlenhydrate wie Kartoffeln, Brot, Reis und Nudeln dienen als Energienahrung. Vollkornprodukte sollten bevorzugt werden, da der Körper sie langsamer aufnimmt. Zucker wirkt als Aufputschmittel und schädigt langfristig das dritte Chakra. Eine Sucht nach Süßem deutet auf ein Ungleichgewicht im Solarplexus hin, das gleichzeitig auch die Ursache dafür sein kann.
Mit ätherischen Ölen	Bestimmte Düfte wie Lavendel, Kamille, Zitrone, Anis, Grapefruit und Fenchel können dazu beitragen, das Solarplexus zu stärken und auszugleichen.

DAS VIERTE ZENTRUM (4. CHAKRA – HERZ-CHAKRA)

Das Herz-Chakra ist das Herz-Zentrum, das sich am Rücken zwischen den Schulterblättern und im vorderen Bereich in der Mitte der Brust befindet. Es verbindet die drei unteren Zentren (Chakras) mit der Herzebene. Sind Sie schon einmal Menschen begegnet, denen man auf den ersten Blick ansieht, dass sie sehr freundlich und warmherzig sind? In der Regel schafft ein ausgeglichenes Herz-Chakra eine freundliche und sanfte Atmosphäre um einen Menschen herum, die andere schon aus der Ferne spüren können. Das Herz-Zentrum steuert das gesamte Herz-Kreislaufsystem und ist für dessen normale Funktion verantwortlich. Bei Blockaden können **physische und psychische Störungen die Folge sein.**

Die **Energie** des vierten Zentrums entspricht der Farbfrequenz **Grün** auf der geistigen und **Rosa** auf der irdischen Ebene. Es handelt sich um eine aufbauende Energie.

Körperlicher Bezug	Das Herz-Chakra versorgt das Herz, die Lunge und den Kreislauf. Über die Thymusdrüse wird das Immunsystem gestärkt.
Blockaden/Störungen	Körperliche Symptome können Durchblutungsstörungen, Herzerkrankungen, Asthma und Allergien sein.
Psychischer Bezug	Ein geöffnetes Herz-Chakra sorgt für Lebensfreude und lässt Nähe und gesunde Beziehungen zu.
Blockaden/Störungen	Eine Blockade des vierten Chakras kann zu Liebes- und Gefühllosigkeit, zu Distanziertheit und innerer Leere führen. Häufig mündet dies in Suchtverhalten, seien es Alkohol, Geld oder Drogen.
Bei Aktivierung	Durch eine aktive Ausrichtung auf das Herz-Chakra kann man Menschen so akzeptieren, wie sie sind, Liebe empfinden und mit viel Herzenswärme Verantwortung für sich und andere übernehmen.
Transformation des Chakras	Das Herz-Zentrum löst sich am vierzigsten Tag nach dem Tod auf.

Um das Herz-Chakra zu stärken, gibt es folgende Möglichkeiten:

Im Alltag	Grüne und rosa Kleidung tragen, oft in der Natur aufhalten, sich selbst verwöhnen, aber sich auch um andere Lebewesen kümmern.
Durch Ernährung	Gemüse soll sowohl die Lebensenergie der Sonne (Feuer) als auch das Beste aus Erde, Luft und Wasser enthalten. Da das Herz-Chakra die Farbe Grün hat, können beispielsweise Spinat, Erbsen, Gurke, Salat, grüne Äpfel und grüner Tee dabei helfen, es zu stärken.
Mit ätherischen Ölen	Bestimmte Düfte wie Rose, Jasmin, Estragon und Kardamom können dazu beitragen, das Herz-Chakra zu stärken und auszugleichen.

DAS FÜNFTE ZENTRUM
(5. CHAKRA – HALS- ODER KEHLKOPF-CHAKRA)

Es befindet sich im am vorderen und hinteren Halsbereich in Höhe des Kehlkopfes. Das Hals-Chakra ist für das Atmungs- und Immunsystem zuständig, auch für Selbstausdruck und Kommunikation. Eine Blockade kann zu **physischen Erkrankungen** und **psychischen Störungen** führen.

Die **Energie** dieses Zentrums entspricht der Farbfrequenz **Blau (Wasserenergie).**

Körperlicher Bezug	Das Hals-Chakra ist verbunden mit dem Rückenmark, der Schilddrüse und der oberen Lunge, den Bronchien und der Speiseröhre. Es lädt auch die Stimmbänder energetisch auf.
Blockaden/Störungen	Blockaden im fünften Chakra können Schwierigkeiten verursachen, Ideen, Meinungen und Vorstellungen in Worte zu fassen. Sprachlosigkeit, Schüchternheit und Angst, aus sich herauszugehen, können auftreten. Körperliche Symptome können Mandelentzündungen, Heiserkeit und Probleme mit der Schilddrüse sein.
Psychischer Bezug	Das fünfte Zentrum kann unsere Seele spiegeln, es nimmt die Botschaften unserer Seele wahr, etwa blockierende Ängste.

Blockaden/Störungen	Wenn wir zutiefst beleidigt sind oder Angst haben, steckt meist ein Kloß im Hals. Das Hals-Chakra ist zudem der Ort, an dem sich die zerstörerischen energetischen Auswirkungen von Mobbing, Verwünschungen, Neid, Missgunst und anderen Störungen von außen in uns festsetzen. Dieser Haufen negativ geladener Energie steigt in unserem Hals auf, und wir schlucken ihn ständig herunter. Daher ist dieses Zentrum am anfälligsten für negative Gedanken und fremde Energie; denn wir nehmen nicht nur über die Ohren Informationen auf, sondern auch über das Hals-Chakra.
Bei Aktivierung	Eine aktive Ausrichtung auf das Hals-Chakra kann zu einer starken Kommunikationsfähigkeit führen – nicht in Form von oberflächlichem Schwätzen, sondern als Fähigkeit, sich anderen verständlich zu machen und Worte bewusst zu wählen (Wahrhaftigkeit). Ebenso kann dies zu einer schönen Stimme und Musikalität führen.
Transformation des Chakras	Das fünfte Zentrum (sowie das der nächsthöheren Ebene) lösen sich nach dem Tod nicht auf. Die Energie dieser Zentren wird gereinigt und existiert in der feinstofflichen Welt weiter.

Um das Hals-Chakra zu stärken, gibt es folgende Möglichkeiten:

Im Alltag	Regelmäßiges Singen und Schreiben, Musikhören und die Integration der Farbe Hellblau in das Leben.
Durch Ernährung	Reifes Obst enthält viele Vitamine, Mineralstoffe und natürlichen Fruchtzucker. Es wird vom Körper leicht verdaut und verursacht wenig Arbeit, sodass viel Energie in die oberen Chakras aufsteigen kann.

Mit ätherischen Ölen	Bestimmte Düfte wie Eukalyptus, Kampfer, Pfefferminze, römische Minze und Manuka können dazu beitragen, das Hals-Chakra zu stärken und auszugleichen.

DAS SECHSTE ZENTRUM (6. CHAKRA – STIRN-CHAKRA)

Es befindet sich oberhalb der Nasenwurzel, zwischen den beiden Augen und wird auch »das Dritte Auge« oder »Tor zur Seele« genannt. Das Stirn-Chakra ist verantwortlich für gutes Sehen und Hören, steuert das Gedächtnis, regt Denkprozesse an und ist verantwortlich für die höhere Intuition und Einsicht. Ein Ungleichgewicht in diesem Zentrum führt zu **physischen oder psychischen Störungen.**

Hinter dem sechsten Zentrum befindet sich die Zirbeldrüse, welche uns ermöglicht, in der Fantasie verschiedene Bilder und Vorstellungen von der Vergangenheit, Gegenwart und Zukunft zu entwickeln. Um die Zirbeldrüse anzuregen, sind Übungen sinnvoll, wie beispielsweise die Folgende.

Übung

Versuchen Sie, sich mit geschlossenen Augen die Eingangstür Ihrer Wohnung vorzustellen. Gehen Sie hinein und laufen Sie gedanklich durch die einzelnen Räume. Achten Sie dabei auf die Details, die Ihnen auffallen. Gehen Sie dann gedanklich zurück zur Tür und öffnen wieder Ihre Augen. Erinnern Sie sich an die Details und überprüfen Sie die Richtigkeit, wenn Sie mit offenen Augen durch Ihre Wohnung gehen. Mit Übungen dieser Art schärfen Sie Ihre Wahrnehmung, und Ihre Zirbeldrüse wird mehr und mehr trainiert.

Sie haben eine mentale Reise unternommen. Das sechste Energiezentrum ist für die geistige Vision verantwortlich. Wenn diese Ebene gut aufgebaut ist, sind Sie nicht nur mental flexibel, sie können auch verschiedene Situationen wahrnehmen. Das gilt auch für andere Menschen. Mit der Zeit entwickelt sich diese Fähigkeit immer besser. Es wird Ihnen etwa möglich sein, eine Person vor dem geistigen Auge zu sehen, während Sie mit ihr telefonieren. Dabei kann es auch zu kuriosen Situationen kommen, wenn Sie Ihren Gesprächspartner fragen, ob die Gemüsesuppe schmeckt, ohne dass er Ihnen sagte, dass er gerade beim Essen war. Eine solche Aussage sorgt immer für eine große Überraschung, und die Frage ist klar, die Ihnen gestellt wird: »Woher weißt du das?« Die beste Antwort hierfür ist, um nicht als seltsam abgestempelt zu werden, dass Sie es geraten haben. Die Fähigkeit, eine Situation aus der Ferne zu sehen, ist keine Fiktion, sondern eine absolute Realität.

Die **Energie** des sechsten Zentrums (Stirn-Chakra) entspricht der Farbfrequenz **Indigoblau** (Luftenergie).

Körperlicher Bezug	Das Gesicht mit Augen, Nase und Ohren plus Kleinhirn; Schlaf- und Biorhythmusregulierung.
Blockaden/Störungen	Ist das Dritte Auge blockiert, machen sich oft Sorgen, Ängste, Albträume und Stress breit – Pläne für die Zukunft zu schmieden, wird schwierig. Als Folge können sich Kopfschmerzen, Ohrensausen und Stimmungstiefs entwickeln. Auch Nebenhöhlenprobleme, Kopfschmerzen, Sehstörungen, Schnupfen und schnupfenähnliche Allergien, eine Verschlechterung der visuellen und auditiven Prozesse und des Gedächtnisses können die Folge sein.
Psychischer Bezug	Intuition und Sinn für Spirituelles.

Blockaden/Störungen	Sie zeigen sich in verzerrter Wahrnehmung, mangelnder Einsicht, Intoleranz, Mangel an Visionen, Gedankenkarussells.
Bei Aktivierung	Gutes Gedächtnis, viel Fantasie, geistige Klarheit und intuitives Wissen. Entwicklung des sogenannten sechsten Sinns. Wenn das Chakra sich wieder im Gleichgewicht befindet und die Blockaden gelöst werden, werden Gedächtnis- und Sehfunktionen verbessert und die Kreativität entwickelt sich.
Transformation des Chakras	Das sechste Zentrum löst sich nach dem Tod nicht auf. Die Energie dieses Zentrums wird gereinigt und existiert in der feinstofflichen Welt weiter.

Um das Stirn-Chakra zu stärken, gibt es folgende Möglichkeiten:

Im Alltag	Träume aufschreiben, zur Abwechslung Märchen und Fabeln lesen. Mal komplett in blauer Kleidung aus dem Haus gehen.
Mit Ernährung	Für dieses und auch für das siebte Chakra lassen sich nicht wirklich Ernährungsempfehlungen aussprechen, da sie nicht mit körperlichen, sondern mit geistigen Zuständen zu tun haben. So entspricht das Fasten den beiden oberen Chakras am ehesten.
Mit ätherischen Ölen	Jasmin, Minze, Zitronengras, Veilchen, Weihrauch, Basilikum.

DAS SIEBTE ZENTRUM (7. CHAKRA – KRONEN-CHAKRA)

Es befindet sich etwa eine Handbreit über dem Scheitel. Es ist das Zentrum des Gottesfunkens oder Geistes. Es kontrolliert und reguliert alle anderen Energiezentren, bringt die Elemente zusammen und verbindet uns mit den herabsteigenden Energien des Kosmos. In diesem Zentrum entwickelt sich das universelle Bewusstsein, die

Sanftmut und das Mitgefühl, wie auch die Lichterkenntnis. Ist das siebte Chakra im Ungleichgewicht, kann es zu **physischen und psychischen Störungen** kommen.

Die **Energie** dieses Zentrums entspricht der Farbfrequenz **Goldweiß**.

Körperlicher Bezug	Das Kronen-Chakra ist keinem bestimmten Organ, außer der Zirbeldrüse, zugeordnet und hat eine schützende Wirkung auf den gesamten Körper. Es beeinflusst den Schlaf-Wach-Rhythmus.
Blockaden/Störungen	Gefühle von innerer Leere, Unzufriedenheit und geistiger Erschöpfung können Anzeichen einer Lebenskrise und Gefühle des Mangels sein. Körperlich äußert sich eine Blockade durch eine Schwächung des Immunsystems und Schlafstörungen. Auch Parkinson, Epilepsie und Demenzerscheinungen stehen damit in Zusammenhang.
Psychischer Bezug	Verbindung zum Göttlichen, feste Verwurzelung.
Blockaden/Störungen	Auf psychischer Ebene macht sich ein unterentwickeltes oder blockiertes Kronen-Chakra bemerkbar als Gefühl der Entwurzelung, der Orientierungslosigkeit, der geistigen Lehre. Manifestiert sich auch als Midlife-Crisis, oft auch Depressionen und Suizidneigung erkennbar.
Bei Aktivierung	Selbstverwirklichung, spirituelles Verständnis, tiefes inneres Glück, im Einklang mit sich selbst und der Welt sein. Ganzheitliche Heilung bis hin zu einer gewissen Erleuchtung.
Transformation des Chakras	Das siebte Zentrum löst sich nach dem Tod nicht auf. Die Energie dieses Zentrums wird gereinigt und existiert in der feinstofflichen Welt weiter.

Um das Kronen-Chakra zu stärken, gibt es folgende Möglichkeiten:

Im Alltag	Weite Aussichten suchen, wie zum Beispiel Bergsteigen und sich vor dem Selbst und anderen Lebewesen verneigen.
Durch Ernährung	Fasten – siehe 6. Chakra.
Mit ätherischen Ölen	Weihrauch, Rosenholz, Neroli.

DIE BILDUNG VON ENERGIEZENTREN

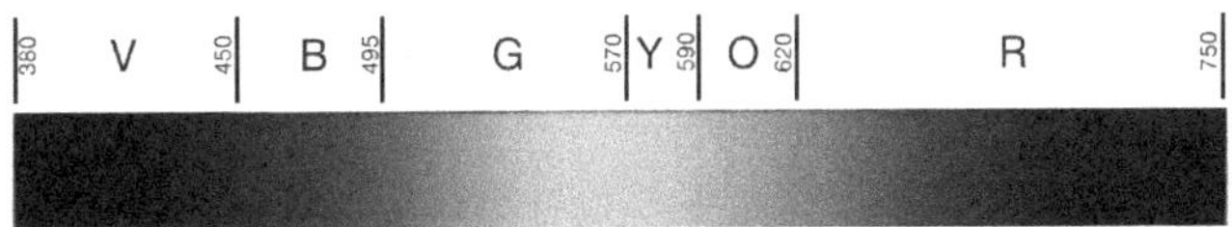

Farbe	Wellenlänge	Frequenz	Photonen-Energie
Violett	380 - 450 nm	670 - 790 THz	2.75 - 3,26 eV
Blau	450 - 485 nm	620 - 670 THz	2.56 - 2.75 eV
Türkis	485 - 500 nm	600 - 620 THz	2.48 - 2.56 eV
Grün	500 - 565 nm	530 - 600 THz	2.19 - 2.48 eV
Gelb	565 - 590 nm	510 - 530 THz	2.10 - 2.19 eV
Orange	590 - 625 nm	480 - 510 THz	1.98 - 2.10 eV
Rot	625 - 700 nm	400 - 480 THz	1.65 - 1.98 eV

Nanometer Terahertz Elektronenvolt

Die Bildung der Energiezentren beginnt bereits im Mutterleib. Das erste und zweite Chakra erscheint etwa in der 23. bis 25. Woche, wenn auch das Geschlecht des Kindes erkennbar ist. Nachdem sich der Ätherleib entwickelt hat, beginnt sich das dritte Chakra zu bilden, und im Alter von sieben Monaten gilt es nahezu als vollständig. Die Mutter trägt das Kind »unter ihrem Herzen« – so kann sich das dritte Zentrum entwickeln, und das Kind greift nach dem vierten, dem Herz-Zentrum. Nach der Geburt stillt die Mutter das Kind und gibt ihm Wärme, Zuneigung und Pflege, womit die Entwicklung des vierten Chakras abgeschlossen ist.

Je länger sich die Mutter um ihr Kind kümmert, desto besser und voller bildet sich das Herz-Chakra aus, und die Kinder werden widerstandsfähiger gegen Krankheiten und insgesamt friedlicher. Das fünfte Chakra wird gebildet, wenn die Fontanelle am Kopf des Babys ertastet wird – das Baby ist etwa sechs Monate alt. Was das sechste und siebte Chakra betrifft, so entwickeln sie sich im Laufe des Lebens, je nach Entwicklungsgeschwindigkeit der einzelnen Seele. Ihre Aktivität und das Niveau ihrer Entwicklung hängen direkt vom Denken und dem Wunsch des Menschen ab, sein energetisches und geistiges Potenzial zu verbessern.

Vor dem ersten Lebensjahr ist das Kind von der Energie der Mutter abhängig, es ernährt sich davon, aber nach einem Jahr beginnt es zu wählen, welchem der Elternteile es sich energetisch anschließen möchte. Das ist die Zeit, in der die zukünftigen »Vatertöchter« und »Muttersöhne« sich binden. Diese Art von Energieverbindung verfestigt sich im Alter von zwölf Jahren. In dieser Zeit sind Eltern und Kinder sehr eng miteinander verbunden, sodass sich alle Sorgen, Probleme und Krankheiten der Eltern unmittelbar auf die Gesundheit der Kinder auswirken. Um Kinder zu heilen, ist es deshalb oft notwendig, zuerst mit den Eltern zu arbeiten, bevor man die Kinder selbst behandelt.

Ab dem zwölften Lebensjahr beginnt die Zeit der Adoleszenz – die eigenständige Entwicklung des Kindes – die sogenannte Pubertät. Die hormonelle Umstrukturierung aktiviert die Energie, während noch nicht genügend Informationen vorhanden sind, um diese Energie auszugleichen. »Scharfe Kanten« zeigen sich sowohl im Charakter des Kindes als auch im Energiekörper, d. h. in der Aura. Die vorherrschende Energie und der Mangel an Informationen wirken sich sehr stark auf die Beziehungen zu Eltern, Gleichaltrigen und Freunden aus.

In der Regel verstehen sich Kinder in der Pubertät viel besser mit ihren Großeltern als mit ihren Eltern. Den Großeltern fehlt es meist bereits an Energie, aber aufgrund ihrer Lebenserfahrung verfügen sie über viele Informationen. Kinder hingegen sind in dieser Zeitspanne energetisch aktiv, jedoch mangelt es ihnen an Erfahrung und Lebenserkenntnis. In dieser Hinsicht ergänzen sich Enkelkinder und Großeltern sehr gut; denn in der Kommunikation wird der Mangel an Energie der Großeltern durch Informationen kompensiert.

Mit den Eltern sieht die Verbindung anders aus. Sie sind sowohl informell als auch energetisch stabiler. Es ist schwieriger für Eltern, ihre Kinder zu verstehen, und schwieriger für Kinder, ihre Eltern zu verstehen. In der Pubertät ist die Energie des Kindes sehr stark, es ist körperlich aktiv, schwer kompromissbereit und unversöhnlich, was schließlich zu Unstimmigkeiten und Konflikten in der Familie führt. Für die Eltern ist diese Zeit nicht weniger schwierig. Es erfordert viel Geduld, Fingerspitzengefühl und Kenntnisse der Kinderpsychologie, um den Kontakt zu ihren Kindern nicht zu verlieren und ihnen eine verlässliche Stütze zu sein und zu bleiben. Am wichtigsten ist, dass Eltern auf die individuelle Entwicklung ihrer Kinder achten, ohne ihnen ihre eigenen Verhaltens-, Denk- und Lebensnormen aufzuzwingen.

Manchmal ziehen es Eltern vor, ihre Kinder bis ins Erwachsenenalter hinein wie kleine, hilflose Babys, die bevormundet und kontrolliert werden müssen, zu behandeln. Die Eltern sollten sie stattdessen als unabhängige und intelligente Menschen, die das Recht auf einen eigenen Standpunkt und eine eigene Stimme haben, ins Leben führen.

Eltern, die ihre Kinder mit ihrer Energie und ihren Informationen unterdrücken, erlauben es ihnen nicht, sich selbst zu entwickeln, und behindern damit die wichtige Zeit der Adoleszenz. Bei derart überfürsorglichen Eltern ist die Wahrscheinlichkeit größer, dass die Kinder nicht in der Lage sind, eigene Entscheidungen zu treffen und Verantwortung für ihr Handeln zu übernehmen.

All dies hängt mit dem menschlichen Energiekörper zusammen und ist eine Kombination aus den Energien der vier Elemente Erde, Feuer, Wasser und Luft.

Das sogenannte fünfte Element, der Geist, verbindet diese Energien miteinander und aktiviert die Energiezentren. Die Zentren (Chakras) konzentrieren die Energie der Umgebung und verteilen sie über unsichtbare energieinformative Kanäle und der äußeren Energiehülle im Körper.

Die unsichtbaren Energiekanäle unseres physischen Körpers und die äußere Energiehülle ergänzen einander und bilden eine einzigartige, kohärente Hülle um den physischen Körper.

DAS GEHEIMNIS HINTER DER MENSCHLICHEN AURA

Die menschliche Aura, auch Biofeld genannt wird, ist ein elektromagnetisches Feld, das den Körper umgibt und sich aus den elektrischen Feldern der Atome zusammensetzt. Atome bestehen aus einem Kern mit positiver und Elektronen mit negativer Ladung, die in leeren Raum-Wahrscheinlichkeitswellen enthalten sind. Die elektrischen Felder der Atome interagieren miteinander und erzeugen ein Magnetfeld, das durch die Elektrizität von Gehirn, Herz und Nervensystem verstärkt wird. Dieses elektromagnetische Feld ist unsere Aura und kann mit wissenschaftlichen Instrumenten gemessen werden.

»Die menschliche Aura ist der unsichtbare Spiegel unserer inneren Energie, der die Essenz unseres wahren Selbst widerhallen lässt.«

Brigitte Seidl-Lichtenberg

DIE AURA – DAS BIOFELD DES MENSCHEN

Die Aura (vom lateinischen »aura« = Luft, Lufthauch) ist ein elektromagnetisches Feld, das jeden menschlichen Körper umgibt. Sie wird oft als eiförmige Energiekugel und als »Ausstrahlung« beschrieben. Unser physischer Körper besteht aus Zellen, die sich wiederum aus Atomen zusammensetzen. Letztere machen den größten Teil des leeren Raums aus. Der winzige Kern eines Atoms ist dicht und hat eine positive Ladung. Er besteht aus Protonen und Neutronen, die sich aus Quarks (Elementarteilchen) zusammensetzen. Der äußere Bereich des Atoms ist ein leerer Raum, der »Wahrscheinlichkeitswellen« enthält, die die Wellenfunktion der Elektronen beschreiben. Elektronen tragen eine negative Ladung. Ein Atom ist also im Wesentlichen ein leerer Raum mit einer Ladung. Jedes Atom besitzt ein elektrisches Feld, welches bewirkt, dass sich die Atome entweder verbinden – nicht physisch verschmelzen, aber im Wesentlichen nahe beieinanderbleiben – oder dass sich die Atome gegenseitig abstoßen. Ihr gesamter Körper besitzt demnach ein elektrisches Feld, das verhindert, dass Ihr Körper mit allem anderen verschmilzt.

Die Elektrizität des Gehirns, des Herzens und des gesamten Nervensystems erzeugt ein Magnetfeld um den Körper. Das elektromagnetische Feld des Herzens kann sogar mit wissenschaftlichen Instrumenten gemessen werden (z. B. mit einem supraleitenden Quanteninterferenz-Gerät, SQUID). Dieses elektromagnetische Feld ist Ihre Aura.

Das Biofeld (Aura) eines Menschen wahrnehmen

Übung

Schauen Sie intensiv auf die Silhouette einer Person (vorzugsweise vor einem hellen Hintergrund), als ob Sie durch die Person hindurchsehen könnten. Es wird eine helle, silbrige Hülle, die 1 bis 2 cm aus dem Körper schimmert, sichtbar werden. Wenn sich die Person leicht bewegt, schwingt die Hülle hin und her und kehrt dann synchron wieder an die Silhouette der Person zurück. Meistens folgt diese Hülle den Konturen des physischen Körpers und ist wie ein Energiephantom der Person.

Wir können das »Phantom« einer Person am deutlichsten sehen, wenn wir den Fernseher ausschalten. Auf dem Bildschirm wird noch eine Weile ein Bild angezeigt. Ein Bild einer Person, eine Silhouette, die allmählich verblasst, als würde sie vor unseren Augen zerfließen. Es ist nichts anderes als die Energiehülle des Körpers, die dazu neigt, an dem Ort zu verweilen, an dem die Person gerade war. Wir stehen in ständiger Wechselwirkung mit der Energie anderer Menschen, auch wenn diese nicht anwesend sind. Jeder öffentliche Ort ist durch eine riesige Menge von Energieclustern gekennzeichnet, die alle Arten von Informationen enthalten.

In einem Bus etwa trägt jeder Fahrgastsitz einen »Energieabdruck« von jeder Person, die darauf gesessen hat. Dieser ist identisch mit der Information, die er enthält. Wenn auf dem Sitz ein gesunder, kräftiger Mann saß, dann wird der »Energieabdruck«, den dieser hinterlässt, mit gesunder Energie gefüllt sein. Umgekehrt wird eine Person, die z. B. an Schmerzen im unteren Rücken leidet, einen Teil ihrer Energie mit Informationen über Schmerzen im unteren Rücken hinterlassen. In diesem Fall erfolgt der Austausch von Energie auf folgende Weise:

Energie schwingt in einer bestimmten Frequenz, welche in *Hertz (Frequenz = Anzahl der Schwingungen je Sekunde; Hertz = Einheit von Frequenzen)* gemessen wird.

Aus der Hermetik kennen wir das »Prinzip der Entsprechung«: Wie oben, so unten; wie unten, so oben. Was uns erkennen lässt, dass gleiche oder ähnliche Frequenz gleiche oder ähnliche Frequenz anzieht. Das wiederum erklärt, dass wir nur das in unser Leben ziehen, was unserer Frequenz oder Schwingung ähnlich ist.

Wenn unser Immunsystem (unsere Körperfrequenz) schwach ist, ziehen wir, wenn wir uns geistig nicht in eine höhere Frequenz schwingen, entsprechende Energie (Frequenzen) an, die uns zusätzlich schwächt. Im vorgenannten Fall führt jede schmerzhafte Empfindung zu einer Gefäßverengung und einer starken Energieansammlung am Ort des Schmerzes. Und Schmerz ist nichts anderes als ein Cluster sehr negativer Energie oder anders ausgedrückt »negativer Frequenz«.

Das kennen Sie bestimmt auch. Jedes Mal, wenn wir uns stoßen, reiben wir die geprellte Stelle. Unser Körper ist unbewusst bestrebt, die Konzentration negativer Energie an dieser Stelle zu verringern, sodass der unmittelbare Drang entsteht, die verletzte Stelle zu reiben, d. h. die Energie gleichmäßig zu verteilen.

Ein Teil des negativen Energieabdrucks aus dem Bus kann nicht vollständig verschwinden; er ist in der Lage, sich von seinem »Wirt« zu lösen und dort zu verbleiben, wo die Person gerade gesessen hat. Sobald ein neuer Fahrgast auf diesem Platz sitzt, kann die Energie den Fahrgast beeinflussen, wenn dieser eine ähnliche Energiefrequenz trägt. Die gleiche Gefahr lauert an jedem öffentlichen Ort: am Arbeitsplatz, in Verkehrsmitteln, in Geschäften, in Cafés, zu Hause – überall ist eine unsichtbare Energiefrequenz vorhanden und kann die enthaltenen Informationen bei ähnlicher Energiefrequenz eines anderen Menschen übertragen. Deshalb ist es wichtig zu verstehen, wie die Struktur der Energie mit ihren Hauptelementen aufgebaut ist und wie sie die Leistung des Körpers beeinflusst.

Wie wir bereits erwähnt haben, hat jedes Zentrum (Chakra) seine eigene Farbabstrahlung oder Farbfrequenz; insgesamt strahlt der menschliche Energiekörper Licht verschiedener Wellenlängen aus, von Rot bis Violett. Alle Farben verschmelzen zu Weiß, was wir als Energiehülle oder Aura erkennen dürfen. In Wirklichkeit ist die Aura ein vielfältiges Farbspektrum, und die Helligkeit oder Trübung des Farbspektrums hängt direkt von den energetischen Schichten und Prägungen ab, denen wir in unserem täglichen Leben ausgesetzt sind. Dazu gehören unser soziales Umfeld, unsere Gedanken, unsere Ernährung, Hobbys, Interessen und vieles mehr. Wenn das Biofeld hell und gesättigt ist, bedeutet das, dass die Person gesund ist; wenn das Licht um das Biofeld schwach und verschwommen ist, stimmt etwas nicht mit der Gesundheit. Und mehr noch, unter dem Einfluss negativer Faktoren (wie Arbeitsbelastung, ständige Stresssituationen, turbulente Familienverhältnisse usw.) kann das Biofeld seine Größe, Form und energetische Integrität verändern, was sich zwangsläufig auf die körperliche und geistige Gesundheit eines Menschen auswirkt.

Durch negative energetische Einflüsse von außen (Mobbing, Hass, üble Nachrede usw.) kann das Biofeld gestört und deformiert werden, was ebenfalls negative Auswirkungen auf die Gesundheit haben kann.

UNTERBEWUSSTSEIN, BEWUSSTSEIN, ÜBERBEWUSSTSEIN: DIE VERBINDUNG ZU DEN ENERGIEZENTREN

Da das **Biofeld**, die Aura eines Menschen, sowie das Unterbewusstsein, das Bewusstsein und das Überbewusstsein von sieben Energiezentren gebildet werden, hängt die körperliche und geistige Gesundheit davon ab, dass diese einwandfrei funktionieren, also nicht blockiert oder gestört sind. Betrachten wir, welche Zentren das Unterbewusstsein, das Bewusstsein und das Überbewusstsein bilden, müssen wir ihren funktionellen Zweck definieren.

Beginnen wir mit dem **Unterbewusstsein**: Das Unterbewusstsein entspricht den ersten drei Energiezentren bis zum Solarplexus, also bis zum Zwerchfell (Wurzel-Chakra, Sakral-Chakra, Solarplexus-

Chakra). Die Energie dieser Zentren zeichnet wie ein Magnetband alle Ereignisse auf, die uns widerfahren; sie speichert Informationen über all unser Wissen, unsere Erfahrungen, Gefühle und Stimmungen im Laufe des Lebens. Die Arbeit der ersten drei Zentren, die für das Unterbewusstsein zuständig sind, zielt darauf ab, die für den Körper erforderliche Energie als Ganzes zu konzentrieren. Zusammen bilden sie eine **biologische** Ebene, die bis zu einer Entfernung von 15 bis 20 cm ausstrahlt und alle physiologischen Prozesse im Körper steuert. Die Erde verfügt auch über eine **biologische** Ebene, die Biosphäre, die sich bis zu einer Höhe von 5000 bis 6000 Metern über dem Meeresspiegel erhebt. Dieser Raum bietet alle notwendigen Voraussetzungen, damit Menschen geboren werden, atmen, leben und sich voll entwickeln können.

Die drei Zentren (Herz-Chakra, Hals-Chakra, Stirn-Chakra) oberhalb des Zwerchfells bilden das **Bewusstsein**. Sie haben eine feinfühligere Struktur und überwachen die informelle und geistige Entwicklung des Einzelnen. Das vierte Zentrum (Herz-Chakra) ist ein **Vermittler** zwischen den Energien des Unterbewusstseins und des Bewusstseins, obwohl es üblicherweise mit dem Bewusstsein in Verbindung gebracht wird. Durch eine gute Interaktion zwischen Unterbewusstsein und Bewusstsein entwickeln sich Eigenschaften wie Freundlichkeit, Mitgefühl, Sanftmut und Reaktionsfähigkeit.

Die Strahlung aus den drei oberen Chakras (Herz-Chakra, Hals-Chakra, Stirn-Chakra) entspricht der geistigen Ebene und kann sich bis zu einer Entfernung von 15 m vom Körper erstrecken. Menschen, Tiere und Gegenstände, die in den Bereich dieser Informationsstrahlung kommen, werden von uns unbewusst wahrgenommen. So erhalten wir manchmal Informationen über jemanden, noch bevor wir ihn kennenlernen. Das ist der sogenannte »erste Eindruck«, der sich oft als richtig erweist. Haben Sie es auch schon einmal erlebt, dass eine

Ihnen unbekannte Person Abneigung hervorgerufen hat, obwohl es keine ersichtlichen Gründe dafür gab? Wenn ja, bedeutet das, dass Sie die geistigen Signale aus dem Biofeld dieser Person und deren Umgebung ziemlich fein und klar lesen konnten. Diese verfeinerte Wahrnehmung kann durch gezielte Arbeit mit unserem Bewusstsein erreicht werden. Die Erde besitzt auch eine geistige Ebene – ein Informationsreservoir, in dem alles Wissen gespeichert ist. Die geistige Ebene durchdringt den Kosmos in einer unendlichen Entfernung.

Das siebte Zentrum (Kronen-Chakra), das sich eine Handbreit über dem Scheitel befindet, bezieht sich auf das **Überbewusstsein**. Durch die Arbeit des Überbewusstseins sind wir in der Lage, uns mit den absteigenden Energien des Kosmos und der höheren Intelligenz der Quelle oder Gott zu verbinden.

DIE VERSCHIEDENEN AURASCHICHTEN

Die Aura besteht – analog zu den Chakras – aus sieben ineinander übergehende Hauptschichten. Sie durchdringt den physischen Körper und gibt ihm Struktur und Halt, wobei der physische Körper ein Resultat der Aura ist und nicht umgekehrt.

Die ersten drei Schichten der Aura bilden die stärkeren energetischen Substanzen, durch welche die Energie der materiellen Welt fließt. Die drei folgenden Schichten, mit der ihnen zugehörigen Energie, gehören zur geistigen Welt. Die siebte Auraschicht ist die Ebene des höheren Selbst, des höchsten Bewusstseins, die Ebene der Erkenntnis und der Integration unserer spirituellen und physischen Verfassung.

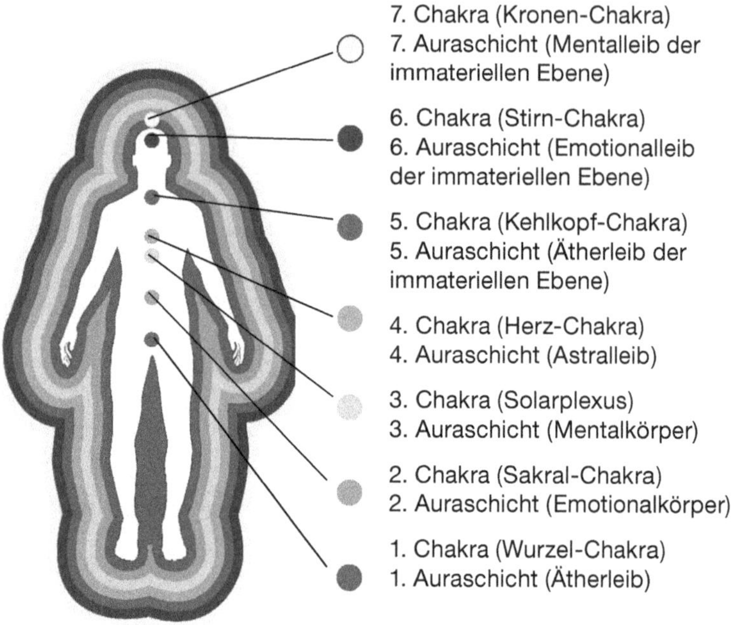

Der Ätherkörper (1. Auraschicht) ist ein Zustand zwischen Energie und Materie und besteht aus feinen Energielinien, die sich wie ein glitzerndes Lichtnetz über den Körper spannt, durch das die Lebensenergie fließt. Er hat die gleiche Struktur wie der physische Körper und gibt der Materie Halt.

Eigenschaften:

- Erkennbar als blau-gräuliche Farbfrequenz
- Erstreckt sich ca. 5 cm nach außen
- Ist mit dem bloßen Auge am leichtesten zu erkennen
- Steht in enger Verbindung zum Wurzel-Chakra
- Löst sich am dritten Tag nach dem Tod auf
- Repräsentiert den physischen Körper, Muskeln, Gewebe, Knochen usw.

- Steht in Verbindung mit physischen Empfindungen wie Schmerz und Lust
- Ist bei Sportlern und Menschen, die sehr aktiv sind, stärker und bei inaktiven Menschen oder Menschen mit geschwächtem Immunsystem schwächer ausgeprägt

---

Der Emotionalkörper (2. Auraschicht) steht mit dem Gefühlsleben in Verbindung, und emotionale Prozesse spielen eine auf- oder abbauende Rolle. Der Emotionalkörper folgt, so wie auch der ätherische Körper, dem Umriss des physischen Körpers, jedoch in einer weit fluideren Struktur. Er scheint aus farbigen, feinstofflichen Wolken zu bestehen. Klare Gefühle mit hoher Energie, wie Liebe, Freude oder Erregung zeigen sich in leuchtenden, Gefühle mit niedriger Energie, wie Ärger, Wut oder Trauer in trüben Farben.

Eigenschaften:

- Kann alle Farben des Regenbogens enthalten
- Erstreckt sich ca. 8 cm nach außen
- Ist dem Sakral-/Sexual-Chakra zugeordnet
- Löst sich am neunten Tag nach dem Tod auf
- Kann in Zeiten von emotionalem Stress schlammig oder trüb sein
- Der Zustand der Chakras lässt sich aus dieser Schicht leicht bestimmen

---

Der Mentalkörper (3. Auraschicht) erstreckt sich über den emotionalen Körper hinaus und besteht aus noch feineren Stoffen von Gedankenstrukturen, die mit rationalen Prozessen in Beziehung stehen. Seine Strukturlinien sind sehr fein, fast schleierartig. Dieses Licht wird bei Konzentration heller und dehnt sich aus. Der Mentalkörper enthält die Struktur unserer Ideen und ist überwiegend gelb. Die Gedankenformen sind jedoch mit zusätzlichen Farben überlagert, die von der emotionalen Ebene stammen.

Eigenschaften:

- Leuchtend gelbe Farbe
- Erstreckt sich ca. 8 bis 20 cm nach außen
- Pulsiert mit 20 Zyklen pro Minute
- Ist dem Solarplexus-Chakra zugeordnet.
- Löst sich am 40. Tag nach dem Tod des Menschen auf
- Strahlt oft am stärksten um den Kopf, den Nacken und die Schultern
- Ist stärker bei Menschen, die sich mit geistigen Aufgaben beschäftigen oder einen überaktiven Geist haben
- Bei einer kreativen Tätigkeit kann man auch farbige Funken aus dieser Schicht ausströmen sehen

---

Die Astralebene (4. Auraschicht) ist dem Herz-Chakra zugeordnet. Sie ist der Schmelztiegel, in dem alle Energie auf ihrem Weg von der materiellen Welt in die geistige Welt verwandelt wird. Sie besteht aus farbigen Wolken, die noch schöner sind als die des Emotionalkörpers und sind gewöhnlich mit rosa Licht durchtränkt. Das Herz-Chakra eines liebenden Menschen ist auf der astralen Ebene ganz mit grünrosa Licht gefüllt. In der vierten Auraschicht geschieht die Umwandlung von Materiellem zu Immateriellem, von neutraler Energie zur bedingungslosen Liebe zur gesamten Schöpfung, nicht nur zu einem Menschen.

Auf der astralen Ebene kann man zwischen Menschen rege Interaktionen beobachten. Obwohl sie sich in einer Gruppe vielleicht gar nicht zu bemerken scheinen, kommunizieren sie intensiv auf der

Energieebene miteinander. Gehen Menschen Beziehungen zueinander ein, bilden sich energetische Bänder zwischen den Chakras. Bei Trennung zerreißen diese Bänder, was sehr schmerzhaft sein kann und wir zum Beispiel als Liebeskummer oder Trauer kennen.

Eigenschaften:

- Farbige, mit rosa und grün durchtränkte Wolken
- Erstreckt sich ca. 30 cm nach außen
- Ist dem Herz-Chakra zugeordnet
- Löst sich nach dem Tod nicht auf
- Stellt dar, wo wir unsere astralen Bänder mit anderen bilden
- Wird stärker durch liebevolle, intime Beziehungen
- Kann bei Trennungen oder Konflikten mit geliebten Menschen schwächer werden

---

Die ätherische Negativebene (5. Auraschicht) ist die sogenannte Blaupause, die alle Formen der physischen Ebene enthält und ähnlich aussieht wie das Negativ eines Fotos. Sie ist die vollkommene Form, in die sich der ätherische Körper hineinentwickelt und enthält die Struktur des gesamten Aurafeldes, der Chakras und des physischen Körpers. In dieser Ebene hat der Klang eine enorme schöpferische Kraft.

Zur ätherischen Negativebene gehört zudem der höhere Wille, der mit dem göttlichen Willen in Beziehung steht, sowie die Kraft des Wortes, das Schaffen durch das Wort, das Zuhören und die Übernahme von Verantwortung für unser Handeln.

Eigenschaften:

- Die Blaupause ähnelt einem Fotonegativ und kann in der Farbe variieren

- Erstreckt sich ca. 70 cm nach außen
- Ist dem Hals-Chakra zugeordnet
- Löst sich nach dem Tod nicht auf
- Repräsentiert die gesamte Blaupause des Körpers, der auf der physischen Ebene existiert
- Beinhaltet alles, was Sie auf dieser physischen Ebene erschaffen, einschließlich Ihrer Identität, Persönlichkeit und Gesamtenergie
- Wird geheilt und gestärkt, indem man seine Wahrheit ausdrückt und weiß, wer man wirklich ist

---

Der himmlische Körper (6. Auraschicht) ist der emotionale Aspekt der Geistesebene, auf der wir geistige Ekstase erleben. Durch Meditation und andere Transformationsmethoden können wir auf diese Ebene gelangen. Hier ist der Ort der kosmischen Liebe, welche den Bereich, den wir als Liebe bezeichnen, weit überschreitet. Hier erkennen wir alle Lebensformen als eine Schöpfung der Quelle oder Gott. Wenn wir an dem Punkt gekommen sind, an dem wir wissen, dass wir mit dem ganzen Universum verbunden sind, wenn wir in allem Licht und Liebe sehen, dann haben wir unser Bewusstsein auf die sechste Ebene angehoben.

Eigenschaften:

- Perlweiß in der Farbe
- Erstreckt sich ca. 60 bis 80 cm nach außen
- Ist dem Stirn-Chakra zugeordnet
- Löst sich nach dem Tod nicht auf
- Trägt eine sehr starke und kraftvolle Schwingung in sich
- Repräsentiert die Verbindung zum Göttlichen und zu allen anderen Wesen
- Fließen von bedingungsloser Liebe und Gefühle des Eins-Seins

- Personen mit einer starken 6. Auraschicht können die Fähigkeit besitzen, mit der Geisterwelt zu kommunizieren und Engelsbotschaften zu empfangen
- Kann mit bedingungsloser Liebe geheilt werden

Der ketherische Negativkörper (7. Auraschicht) ist der mentale Aspekt der Geistebene. Auf diese Ebene haben wir unser Bewusstsein auf die Ebene der Quelle/Gott gehoben. Der Umriss der siebten Ebene bildet die Eiform der Aura. Hier tritt der Hauptkraftstrom in Erscheinung, der die Wirbelsäule hinauf- und hinunterläuft und den ganzen Körper mit Energie versorgt. Auf der ketherischen Ebene zeichnen sich die Spuren der vergangenen Leben ab. Sie enthält den Lebensplan und ist die letzte Ebene, die mit dieser Inkarnation in direktem Zusammenhang steht.

Eigenschaften:

- Goldweiß in der Farbe
- Erstreckt sich ca. 100 cm nach außen
- Ist dem Kronen-Chakra zugeordnet
- Löst sich nach dem Tod nicht auf
- Repräsentiert das Gefühl, eins mit dem Universum zu sein
- Enthält alle Informationen über die Seele und frühere Lebenszeiten
- Goldfarbene Farbe
- Pulsiert schnell
- Wenn diese Ebene stark ist, gibt es uns die Fähigkeit, sich dem Pfad des Schöpferischen hinzugeben und kann helfen, übersinnliche Fähigkeiten zu verbessern.

Jeder von uns kann lernen, die Aura zu sehen. Wenn wir unser Sehvermögen gut genug entwickeln, werden wir bald in der Lage sein, nicht nur die silberne Lichthülle der ersten Schicht zu erkennen, sondern auch die Farben der restlichen Schichten, welche aus den sieben Farben der Energiezentren bestehen.

Alle Energiezentren und Auraschichten sind miteinander verbunden und bedingen einander. Eine energetische oder informelle Dysbalance in einem Zentrum oder einer Schicht hat demnach Auswirkungen auf alle anderen Bereiche, und wenn das eine oder andere vorherrscht (energetisch oder informell), dann nimmt das Farbschema einen bestimmten Farbton an, je nachdem, welcher von ihnen vorherrscht. Die Vorherrschaft von negativen Informationen oder Energien bringt jedoch nicht nur eine bestimmte Farbnuance in den Körper, sondern auch ein Ungleichgewicht, das seine Integrität stört.

Oftmals konzentrieren wir uns leider hauptsächlich entweder auf geistige Aufgaben oder widmen unsere gesamte Zeit körperlicher Arbeit. Dabei bleibt wenig Zeit für andere Aktivitäten und wir übersehen meist Warnsignale, die auf Probleme hinweisen könnten. Anstatt die Ursachen zu suchen, lindern wir erste Schmerzsymptome mit Medikamenten und schieben Misserfolge auf Zufälle, fehlende Erfahrung oder mangelndes Wissen.

Doch der menschliche Körper ist ein integriertes System, das nur dann optimal arbeitet, wenn alle seine Teile gleichermaßen gut funktionieren und gefördert werden.

Vernachlässigen wir dies, können sowohl gesundheitliche Probleme als auch berufliche Misserfolge die Folge sein. Um dies zu vermeiden, ist es notwendig, alle Energiezentren gleichermaßen zu entwickeln und die körperliche Gesundheit ebenso zu überwachen wie den geistigen Bereich. Denn nur dann werden Energie- und Informationsfluss im Gleichgewicht zirkulieren und die Energiezentren, die sie hervorbringen, sich harmonisch entwickeln.

Schauen wir uns die Wechselwirkung von Energie und Information an und finden wir heraus, wie genau der Energie-Informationsaustausch mit der Welt um uns herum stattfindet.

DIE HEILENDE KRAFT DER ATMUNG

»Durch bewusste Atmung können wir unseren inneren Energiefluss harmonisieren und das Gleichgewicht zwischen Körper, Geist und Seele wiederherstellen.«

Sebastian Lichtenberg

Erinnern Sie sich an das letzte Mal, als Sie auf jemanden wütend oder beleidigt waren? Wie haben Sie in diesem Moment geatmet? Haben Sie im Stillen die Luft scharf durch die Nase eingezogen, den Sturm in sich gespürt, ihn aber nicht nach außen dringen lassen? Nicht umsonst heißt es: »Ausatmen, sonst platzt du.« Was geschieht in diesem Augenblick? Ein Mensch, der negative Informationen wie Ärger oder Wut in sich angesammelt hat und sie für sich behält, also nicht loslässt, verharrt in dieser Situation. Stellen Sie sich vor, Sie sind wütend, aber nicht mehr in einem passiven Zustand, sondern in einem dynamischen. Höchstwahrscheinlich werden die negativen Informationen verbal verbreitet, Sie sagen Ihrem Gegenüber, dass Sie verärgert sind. In diesem Fall setzen Sie Energie frei, anstatt sie in sich selbst zu behalten. Dies ist sehr wichtig!

Der Mechanismus ist folgender: Wenn wir ausatmen, geben wir einen Teil der Energie und damit auch die Information ab. Sobald diese mit Energie verstärkt wird, wird sie automatisch in der Realität wirksam. Es heißt nicht umsonst, dass sich Gedanken materialisieren können. Die Energieströme des Gehirns formen unsere Gedanken, und die Energie wandelt sie in eine stärkere Struktur um, die wir »in die Welt ausstrahlen«. Wenn sich ein Gedanke bildet, entsteht eine Gedankenform, die in der Lage ist, sich von der Person zu lösen und für eine lange Zeit allein im Raum zu verweilen. Das kennen Sie bestimmt auch: Es kommt vor, dass man einen Gedanken hat, etwas tun will, ein paar Schritte geht und dann vergisst, was man eigentlich machen wollte. In diesem Fall muss man genau an die Stelle zurückgehen, an der der Gedanke zum ersten Mal auftauchte. Der Gedanke wird zu uns »zurückkommen«, wenn wir eine Weile an der gleichen Stelle stehen.

Jetzt verstehen Sie vielleicht, warum die Worte, die in Ihrem Kopf entstehen, manchmal von der Person neben Ihnen ausgesprochen werden. Oder umgekehrt: Sie haben es geschafft, sich auf eine bestimmte Frequenz einzustellen und die Gedanken des Gesprächspartners zu erfassen. Informationen und Energie werden ständig um uns herum ausgestrahlt, und man kann diese Signale leicht scannen.

Am intensivsten setzen wir Informationen frei, wenn wir ausatmen. Um diesen Prozess zu verstehen, versuchen Sie einmal, Ihren Nachnamen und Vornamen beim Einatmen zu sagen. Dann machen Sie dasselbe, während Sie ausatmen. Merken Sie einen Unterschied? Natürlich gibt es einen Unterschied. Wenn wir ausatmen, geben wir Energie ab – wir verlieren also Energie. Aber gleichzeitig geben wir auch Informationen an die Menschen um uns herum ab. Deshalb sprechen wir während der Ausatmung.

Es ist notwendig, in regelmäßigen Abständen Informationen freizugeben, die sich seit einiger Zeit in uns angesammelt haben. Auf der einen Seite löst sich dadurch die innere Anspannung, auf der anderen Seite werden unnötige Informationen aus unserem Kopf entfernt, die unsere Gedanken überlagern und verwirren. Aber Vorsicht: Wenn wir zu lange reden, verlieren wir unsere Vitalität, weil sehr viel Energie an die Umgebung abgegeben wird. Aber trotzdem ist es wichtig, sich mit Problemen auseinanderzusetzen. Die einfachste

Methode, unnötigen Stress und Informationsflut loszuwerden, sind einfache Atemübungen.

Übung:

Beginnen Sie mit einer tiefen Einatmung durch die Nase und einer lauten, intensiven Ausatmung durch den Mund. Wiederholen Sie dies mehrmals. Um die Übung anspruchsvoller zu gestalten, stellen Sie sich zusätzlich einen weißen Lichtstrahl vor, der von oben herab durch das Kronen-Chakra in Sie hineinfließt. Während des Einatmens dringt er in den Kopf ein, sinkt nach unten und reinigt Schultern, Brust bis hin zum Solarplexus. Stellen Sie sich vor, dass sich der Fluss der weißen Energie, die sich beim Einatmen genau bis zur Hälfte des Körpers verbreitet hat, im Solarplexus sammelt. Während des Ausatmens stellen Sie sich vor, wie sich diese Energie nach unten bewegt, alle Spannungen abbaut und wie ein Blitz durch Ihre Hände und Füße in die Erde entweicht. Um die größte Wirkung zu erzielen, sollten Sie tief einatmen, und dann den Atem 3 bis 5 Sekunden lang anhalten, danach sanft und lang anhaltend ausatmen. In diesem Fall vergrößern Sie das Biofeld beim Einatmen und füllen es energetisch auf, und beim langsamen, lang anhaltenden Ausatmen bleibt das Biofeld energetisch voll. Wenn Sie leise und langsam durch den Mund ausatmen, löst sich die Spannung aus dem Körper. Wenn Sie zusätzlich beim Ausatmen ein Zischen (kehlig) von sich geben, wird der Entspannungsprozess Ihren Kopf mit einbeziehen und eine geistige Entspannung einleiten, was die Übung noch effektiver macht.

Wenn Sie diese Übung mehrmals wiederholen, können Sie Verspannungen und Müdigkeit leicht lösen. Während des Ausatmens wird also Energie an die Umgebung abgegeben, gefolgt von der Materialisierung einer Gedankenform. In Zukunft werden Sie in der Lage sein, die eigenen Gedanken bewusst mit dem Atem zu materialisieren, sie auch mit Energie zu verbinden und sie in den umgebenden Raum freisetzen.

Betrachten wir den umgekehrten Fall: Jemand hört Ihnen mit offenem Mund zu. Die Person nimmt aktiv Energie und Informationen auf. Indem sie durch den Mund einatmet und durch die Nase ausatmet, sammelt sie Informationen in sich, ohne diese an die Umwelt zurückzugeben. Man hat festgestellt, dass Studenten und Schüler zwei- bis dreimal schneller lernen, wenn sie durch den Mund einatmen und durch die Nase ausatmen. Versuchen Sie also, in Vorlesungen, Seminaren oder beim Lesen so zu atmen. Sie werden spüren, dass die Effizienz des Erinnerns von Informationen erheblich zunehmen wird.

ARTEN DER ATMUNG

Es gibt drei Arten der Atmung: die untere, die obere und die mittellaterale Atmung, die unterschiedliche Auswirkungen auf das Wohlbefinden haben. Sie wissen bereits, dass Sie den Atem nutzen können, um Energie und Informationen zu speichern oder an die Umwelt abzugeben. Lassen Sie uns herausfinden, wie Sie den Atem nutzen können, um Ihr Wohlbefinden zu verbessern. Es gibt drei Arten der Atmung: untere, obere und mittellaterale Atmung. Jede hat eine andere Funktion und eine andere Wirkung auf die Lebensfunktionen des Körpers.

DIE UNTERE ATMUNG (BAUCHATMUNG)

Beim Einatmen durch die Nase wird der Bauch so weit wie möglich aufgeblasen, während Brust und Schultern ruhig bleiben und nicht angehoben werden.

Übung:

Atmen Sie mehrere Male tief ein und aus, indem Sie die Bauchatmung (auch Zwerchfellatmung genannt) nutzen. Legen Sie der Einfachheit halber eine Hand auf den Bauch und die andere auf die Brust und achten Sie darauf, dass Ihr Atem den Bauch einbezieht. Die Hand, die auf dem Bauch liegt, hebt sich, während die Hand auf der Brust unbewegt bleibt. Nehmen Sie bewusst wahr, was Sie fühlen. Sie werden wahrscheinlich einen Hitzeschub in Ihren Armen und Beinen spüren – die Energie hat sich von oben nach unten verteilt.

Wieso geschieht das? Denken Sie daran, dass das Zwerchfell, welches zwischen Brust und Bauch liegt, die Grenze zwischen den Energie- und Informationszentren bildet.

Alles **unterhalb** des Zwerchfells ist für die energetische Ernährung des Körpers zuständig, alle Zentren oberhalb des Zwerchfells sind für die informelle Ernährung verantwortlich. Die Bauchatmung regt den Abfluss überschüssiger Energie aus der Informationshälfte (4. bis 7. Chakra) an, die in den unteren Teil umverteilt wird und als Energieschub dient. Wenn Sie also Kopfschmerzen haben oder sich geistig müde fühlen, müssen Sie eine tiefere Atmung üben und 5- bis 7-mal tief ein- und ausatmen. Die Schwere wird vergehen, Leichtigkeit und Gelassenheit werden zurückkehren. So werden Druck und Kopfschmerzen durch die Umverteilung der Energie »**von oben nach unten**« beseitigt.

DIE OBERE ATMUNG (BRUSTATMUNG)

Wenn Sie bei intensiver körperlicher Betätigung Lethargie, mangelnde Spannkraft und Kraftlosigkeit verspüren, sollten Sie **mit dem oberen** Atmen arbeiten.

Übung:

Atmen Sie mehrmals ein und aus, wobei Sie den Brustkorb so weit wie möglich aufblasen und den Bauch ruhig lassen (im Gegensatz zur Bauchatmung). Legen Sie eine Hand auf Ihre Brust und die andere auf Ihren Bauch. Beim Einatmen werden die Schultern und der Brustkorb angehoben (maximale Nutzung der Lungen), während der Bauch ruhig bleibt. Überprüfen Sie, ob die Übung korrekt ausgeführt wird. Dann werden Sie sofort einen Energieanstieg im Kopf spüren – es hat eine Umverteilung der Energie **»von unten nach oben«** stattgefunden. Der Tonfall und die Effizienz des Erinnerns von Informationen werden definitiv verbessert.

DIE MITTLERE ATMUNG (FLACHE ATMUNG)

Die dritte Art der Atmung ist die ***mittellaterale*** **oder mittlere** Atmung. Sie ist etwas komplizierter als die beiden vorherigen und bezieht die Rippen ein.

Übung:

Versuchen Sie zu atmen, ohne den Bauch oder die Brust zu heben. Atmen Sie allein mit Ihren Rippen. Dies ermöglicht eine vollständige Ausrichtung des Biopotenzials, eine gleichmäßige Verteilung über das Biofeld und die Linderung von Asthmaanfällen der Bronchien.

Manchmal ist es hilfreich, einen leichten, kaum merklichen, flachen Atemzug zu machen. Stellen wir uns vor, wir sind der Ozean. Der Wind kommt und kräuselt die Oberfläche des Ozeans. Je intensiver wir atmen, desto mehr vibriert das Wasser. Je flacher und ruhiger wir atmen, desto weniger vibriert es. Wie atmen wir normalerweise, wenn wir unsichtbar bleiben oder nicht gesehen werden wollen? Langsam, leise, den Atem anhaltend. Im Ozean herrscht völlige Ruhe und Gelassenheit. Das ist die Essenz der flachen Atmung. Es ist, als ob wir aus dem allgemeinen Rhythmus fallen. Die Bewegungen des Raums, der Biosphäre und der Geistigen Sphäre schwächen sich auf ein Minimum ab, und wir berühren andere Menschen nicht. Wir werden ***transparent***.

Sie haben jetzt mehrere Möglichkeiten der Atmung kennengelernt. Doch wann atmet man am besten wie?

Auf einen Blick

Zur Linderung von Schmerzen im Bereich unterhalb des Zwerchfells (z. B. Magenkrämpfe, Menstruationsschmerzen) oder zur Erhöhung des Blutdrucks wird die ***obere Atmung*** eingesetzt. Und zur Linderung unangenehmer, schmerzhafter Empfindungen oberhalb des Zwerchfells (Überarbeitung, Müdigkeit, Kopfschmerzen) und zur Senkung des Blutdrucks ist der ***untere Atem*** von Vorteil. ***Die mittellaterale Atmung*** hilft, das Gleichgewicht wiederherzustellen, sich zu entspannen und auch die Schwingungen der Biosphäre und geistigen Sphäre zu minimieren und »transparent« zu werden.

WECHSELWIRKUNG ZWISCHEN BIOFELD UND ÄTHER

Das Biofeld bzw. die Aura hat eine ätherische Struktur und ist eng mit unserer Gesundheit und unserem Wohlbefinden verbunden. Durch Beobachtung und Pflege der Transparenz des Biofeldes lässt sich die körperliche und geistige Gesundheit beeinflussen. Atemübungen können helfen, das Biofeld aufrechtzuerhalten und sich von äußeren Einflüssen zu lösen.

»In der Klarheit unserer Aura finden wir die Essenz unserer wahren Natur und die Verbindung zu den Elementen, die uns umgeben und nähren.«

Brigitte Seidl-Lichtenberg

DER PHYSIKALISCHE ÄTHER

Wir sind nicht nur von Luft umgeben. Es gibt auch einen ***physikalischen Äther***. Sie können ihn erkennen, wenn Sie in einen klaren, blauen Himmel blicken. Sie werden eine Menge flackernder, sich chaotisch bewegender Punkte sehen. Bei heftigem Husten flackern manchmal auch glitzernde Punkte vor Ihren Augen auf. Auch diese sind nichts anderes als Äther – oder »Energieklümpchen«, die der Körper als Folge von lokalem Mikrostress ausgestoßen hat.

Das Biofeld hat eine ätherische Struktur. Erinnern Sie sich an die leuchtende Hülle um den menschlichen Körper, die Aura? Zunächst sind ihre Farben transparent. Im Laufe der Zeit kann die Transparenz jedoch gestört werden. Dies ist in der Regel auf eine Krankheit, eine Deformation des Biofeldes (Aura) und auf andere Gründe zurückzuführen. Wenn dies geschieht, können bei der Untersuchung des Biofeldes durchsichtige Energieklümpchen sichtbar werden, die auf physiologische oder spirituelle Anomalien hinweisen.

Versuchen Sie, das Biofeld Ihrer Liebsten zu beobachten, indem Sie sie jeden Tag anschauen (am besten vor einem hellen Hintergrund). Helles, intensives Licht deutet auf gute Gesundheit und Vitalität hin. Eine dumpfe Ausstrahlung kann auf einen niedrigen Tonus und Müdigkeit hinweisen. Jeden Tag wird die Strahlung variieren, weil wir uns unterschiedlich fühlen. Es liegt jedoch in unserer Macht, einen Zustand der Transparenz aufrechtzuerhalten.

Im Laufe des Tages wird das Biofeld mit Informationen überlagert, die in regelmäßigen Abständen freigesetzt werden müssen, da sich sonst die körperliche Verfassung verschlechtert und sich die Geschwindigkeit der Denkprozesse verlangsamt. Nach jedem Kontakt mit einem Menschen oder einer Gruppe von Menschen ist es also ratsam, die Verbindung mit diesen Menschen bewusst zu unterbrechen, da sich während der Kommunikation die Biosphären und Geistessphären berühren und die energetische Wechselbeziehung auch nach dem Ende des Gesprächs bestehen bleibt und Energie abzieht.

Vor dem Einschlafen wimmelt es in Ihrem Kopf oft von Gedanken, nicht wahr? Dies ist auch ein eigentümliches Eindringen fremder Energien und Gedanken in die Bio- und Geistessphäre eines Menschen. Deshalb ist es unabdingbar, den Einfluss anderer abzuschneiden, die Einmischung von außen zu unterbinden und dann den Zustand der Reinheit und Transparenz herbeizuführen. Die Transparenz oder Durchlässigkeit wird Sie tagsüber nicht verlassen, wenn Sie es einmal gelernt haben. Wie machen Sie das? Erinnern Sie sich an die Übung mit dem weißen Strahl, der von oben herunterkommt. Wenn Sie also die Lichtenergie über Ihrem Kronen-Chakra bis zur

Hälfte in sich selbst einatmen und durch Ihre Beine und Arme (in die Erde) wieder ausatmen, löst das nicht nur unnötige Spannungen, sondern schneidet auch alle Arten von Einflüssen von den Menschen um Sie herum ab.

Indem wir die Durchlässigkeit des Biofeldes einstellen, beeinflussen wir den physischen Körper und machen ihn gesünder, während eine Trübung zu einer Verschlechterung des Wohlbefindens führen wird. Stellen Sie sicher, dass Sie vor und nach der Kommunikation, insbesondere nach einer unangenehmen, ein Reset durchführen. Je häufiger Sie einen Neustart durchführen, desto schneller wird dies Ihrerseits zu einer automatischen Handlung.

Der Äther, der unseren Planeten in einem Abstand von 5000–6000 Metern von der Oberfläche umgibt, bildet die Erdbiosphäre. Man kann diese Energie aus der Erdbiosphäre nehmen und die Nervenzentren damit füllen. Man kann sich auch mit der geistigen Sphäre oder Ebene der Erde verbinden, die in den gesamten Raum eindringt und ein besonderes Informationsreservoir darstellt. Zu diesem Zweck werden schwierigere Methoden von Atemübungen eingesetzt, die es Ihnen ermöglichen, sich in einer guten geistigen und körperlichen Verfassung zu halten.

In den vorangegangenen Übungen haben wir uns mit der Grundatmung und den einfachsten Methoden zur Regulierung des Wohlbefindens beschäftigt. Jetzt kommen wir zu einer Methode, die eine Verbindung zu den vier Elementen der Erde und eine Verbindung zum Überbewusstsein beinhaltet. Dies ist einer der wichtigsten Punkte in diesem Buch.

VITALISIERUNGSTECHNIKEN MIT DEM ATEM

Atemübungen sind ein Instrument zur Regulierung der menschlichen Gesundheit. Wenn wir lernen, sie richtig zu nutzen, können wir unser Wohlbefinden effektiv steuern und den physischen Körper mit Vitalität füllen. Während spezieller Atemübungen wird jedes Energiezentrum gefüllt und die Energien von Erde, Feuer, Wasser und Luft miteinander verbunden. Und da sie nicht nur die Primärelemente der Natur, sondern auch des menschlichen Energiekörpers sind, werden sie das Biopotenzial des Körpers spürbar erhöhen und die Energie und Information in uns ausgleichen.

Warnung: Nach den ersten Sitzungen können Sie sich unwohl fühlen. ***Dies ist nur vorübergehend.*** Wenn sich der Körper mit Lebenskraft füllt, wird er sich selbst reinigen und heilen. Die Negativität beginnt, den Körper zu verlassen, was sich in Übelkeit, Husten und anderen unangenehmen Erscheinungen äußern kann. Denn der Zustand der Gesundheit ist für einen kranken Körper auch ein schmerzhafter Zustand. Es dauert einige Zeit, bis man sich an einen guten Zustand gewöhnt hat, um auf eine neue Ebene des Funktionierens zu gelangen. Aus diesem Grund sind alle möglichen Beschwerden nur vorübergehend. Sobald sich Ihr Körper auf den richtigen Rhythmus einstellt und alles Negative loslässt, werden Sie einen Zustrom von Kraft und Energie spüren.

Führen Sie die nachstehenden Übungen sorgfältig täglich durch. Nehmen Sie sich ca. 5 bis 10 Minuten pro Tag für Atemübungen. Sie werden sich anders fühlen, und Sie werden dieses Gefühl lieben.

ENERGIE-ATMUNG FÜR DIE CHAKRAS

Das Hauptziel der Atemübungen besteht darin, Energie in jedes der sieben Chakras zu fluten. Sie bestehen aus drei Grundschritten:

- Einatmen (Energie wird in die Lunge gesaugt)
- Kurzes Anhalten des Atems (Komprimierung der Energie auf die Größe einer Orange im Bauch)
- Ausatmen (die komprimierte Energie wird zum gewünschten Zentrum oder Chakra geschickt und dort fixiert).

Spannen Sie bei **den ersten drei Zentren** die Beine und das Gesäß an. Beim Fluten der verbleibenden vier Zentren lassen Sie die Beine und das Gesäß entspannt und fügen der Ausatmung ein hörbares Blasen hinzu.

---

1. Chakra – der Steißbein-Kreuzbein-Bereich für eine gute körperliche Allgemeinverfassung.

Übung: Stellen Sie sich aufrecht hin, atmen Sie tief ein und stellen Sie sich vor, wie weiße Energie von oben durch Ihr Kronen-Chakra fließt, Ihre Lungen und Ihr Solarplexus füllt und sich in Form einer Kugel im Brustbereich sammelt. Drücken Sie nun diesen mentalen Ball auf die Größe einer Orange zusammen und halten dabei den Atem an. Beim Ausatmen stellen Sie sich vor, wie die komprimierte Energie nach unten in den Steißbein-Kreuzbein-Bereich absinkt und sich in diesem Bereich festsetzt. **Beim Ausatmen spannen** Sie zusätzlich die Muskeln in Beinen und Gesäß an und **entspannen Sie vor dem nächsten Einatmen.** Tun Sie dies dreimal.

2. Chakra – der Bereich der Gebärmutter (bei Frauen) und der Prostata (bei Männern) für die menschliche Sexualsphäre.

Übung: Wiederholen Sie dieselbe Übung wie beim ersten Chakra. Beim Einatmen ziehen Sie weiße Energie an und konzentrieren diese in der Brust. Drücken Sie die Energie mental auf die Größe einer Orange zusammen und schicken Sie sie beim Ausatmen (Hände liegen dabei auf dem Unterbauch) **mit angespannten Beinen und Gesäß** in den Bereich des Unterbauches und schließen Sie sie dort ein. **Entspannen Sie sich vor dem nächsten Einatmen**. Tun Sie dies dreimal.

---

3. Chakra – der Bauchbereich für die Bauchorgane.

Übung: Wiederholen Sie die vorherige Übung, indem Sie die weiße Energie wieder mental auf die Größe einer Orange zusammendrücken und beim Ausatmen einen komprimierten Ball in den Bereich des Solarplexus schicken. Drücken Sie mit den Fingern auf Ihren Solarplexus. Füße und Gesäß sind dabei entspannt. Tun Sie dies dreimal.

---

4. Chakra – der Bereich in der Mitte Ihrer Brust für das Herz-Kreislaufsystem.

Übung: Stellen Sie sich vor, dass ein Strom weißen Lichts beim Einatmen über das Kronen-Chakra in Sie fließt und sich im Brustbereich sammelt. Drücken Sie die Energie mental bis zur Größe einer Orange zusammen, beugen Sie dann den Kopf nach unten und ziehen Sie die angewinkelten Armen nach hinten, um die Spannung zwischen den Schulterblättern zu spüren und lassen Sie den komprimierten Energieball genau in die Mitte Ihrer Brust gleiten. Es ist nicht notwendig, die Beine und das Gesäß anzuspannen. Machen Sie die Übung dreimal.

---

5. Chakra – der Kehlkopfbereich für die Atemwege und das Immunsystem.

Übung: Beim Einatmen wiederholen Sie die vorherige Übung, beim Ausatmen legen Sie den Zeigefinger auf den Hals (Schilddrüse). Neigen Sie den Kopf leicht nach hinten und schicken Sie einen komprimierten Energieball in diesen Bereich. Tun Sie dies dreimal.

---

6. Chakra – das dritte Auge für das Gehirn und die innere Vision.

Übung: Beim Einatmen ziehen Sie wieder Lichtenergie über das Kronen-Chakra ein, beim Ausatmen schicken Sie diese in den Bereich zwischen den Augen, indem Sie einen Finger an diese Stelle legen, den Kopf leicht nach vorne neigen und dabei den Finger schräg anschauen. Schließen Sie nun die Augen, aber lassen den Blick leicht nach oben geneigt, als ob sie mit geschlossenen Augen das 6. Chakra betrachten. Zwischen den Augen wird eine gewisse Spannung auftreten. Wenn Sie die Übung wiederholen, nehmen Sie den Finger nicht von der Stirn und lassen die Augen in der gleichen Position. Tun Sie dies dreimal.

7. Kronen-Chakra für die Regulierung der unteren Zentren.

Übung: Wenn Sie das letzte Energiezentrum fluten, wiederholen Sie alles, was Sie gelernt haben: Ein Strom aus weißem Licht steigt herab, füllt die Lungen, den Solarplexus und schrumpft auf die Größe einer Orange in Ihrem Brustbereich. Halten Sie Ihre Hände mit der Handfläche nach unten ein paar Zentimeter über Ihren Kopf. Schicken Sie nun beim Ausatmen den Energieball in den Zwischenraum von Scheitel und Hand. Dann ziehen Sie die Hand weg – über Ihrem Kopf hat sich eine Energiekappe gebildet. Wiederholen Sie dies dreimal.

Wenn Sie die Übung komplett durchführen, bilden sich beim Fluten der Energiezentren sieben weiße Kugeln: die erste im Steißbeinbereich, die zweite auf Höhe der Gebärmutter oder der Prostata, die dritte im Bereich des Bauchnabels, die vierte in der Mitte Ihrer Brust, die fünfte in der Kehle, die sechste im Stirnbereich zwischen den Augen und die siebte auf dem Scheitel.

Dies sind die sieben Energiereservoirs, die nicht nur die Nervenzentren, die Chakras, sondern auch den gesamten Körper stimulieren werden. Wenn Sie täglich Atemübungen machen, wird die innere Kraft zunehmen, das Selbstvertrauen wird wachsen und die Klarheit des Denkens wird sich deutlich verbessern.

Um die größtmögliche Wirkung zu erzielen, sollten Sie einige »Atemregeln« beachten:

- jede Übung dreimal wiederholen;
- einen Zustand von Hunger und Durst während des Trainings ist zu vermeiden;

- wenn möglich, machen Sie nach dem Duschen Atemübungen;
- gehen Sie regelmäßig in die Natur (so können Sie die Energie in sich selbst optimal konzentrieren);
- machen Sie mindestens einmal täglich Atemübungen, am besten morgens oder abends (bei Sonnenaufgang oder Sonnenuntergang).

Sobald die oben genannten Übungen bei Ihnen automatisch ablaufen, wechseln Sie zur Farbatmung.

FARBATMUNG

Das Prinzip bleibt dasselbe, nur dass Sie sich statt eines weißen Lichtstrahls einen Fluss einer bestimmten Farbe vorstellen, wenn Sie die verschiedenen Zentren fluten:

- 1. Chakra: leuchtend rot
- 2. Chakra: leuchtend orange
- 3. Chakra: louchtend gelb
- 4. Chakra: leuchtend grün
- 5. Chakra: leuchtend blau
- 6. Chakra: indigoblau
- 7. Chakra: violett

Am Ende der Atemübung sollten Sie ein Reset, einen Neustart machen, alles Überflüssige und Negative abschneiden.

Hier folgen weitere Atemübungen, die Ihnen gefallen könnten:
Übung 1: Ziehen Sie Lichtenergie in Ihre Lungen und bilden Sie einen großen Energieball im Brustbereich. Beim Ausatmen breiten Sie Ihre Hände mit den Handflächen nach oben aus und lehnen sich leicht zurück. Schicken Sie im Geiste Energie in Ihre Arme,

Beine und Ihren Kopf und stellen Sie sich vor, wie diese Energie jede Zelle Ihres Körpers erfüllt. Dem Ausatmen kann ein hörbares Blasen hinzugefügt werden. Ein Schweregefühl in den Händen und ein Gefühl der Fülle im ganzen Körper stellen sich ein.

Übung 2: Machen Sie das Gleiche wie in der ersten Übung und stellen Sie sich beim Ausatmen vor, wie Sie sich in eine Vielzahl von kleinen Strahlen verwandeln, die von Ihren Füßen, Händen, Ihrem Kopf, Ihrem ganzen Körper ausgehen. Die Strahlen sind die Energie, die Sie in sich selbst hineingezogen haben und nun in den Raum um Sie herum aussenden. Während Sie hörbar blasend ausatmen, stellen Sie sich vor, wie die Energie in Form von vielen Strahlen in den Raum aufsteigt. Lassen Sie Ihre ausgebreiteten Arme so lange wie möglich geöffnet und sehen Sie sich selbst von Kopf bis Fuß leuchten.

Übung 3: Füllen Sie Ihre Lungen und den Solarplexus mit Lichtenergie und lehnen Sie sich dann zurück, spreizen Sie die Hände mit den Handflächen nach oben aus, legen Sie den Kopf so weit wie möglich nach hinten in den Nacken und halten Sie die Ausatmung an, während Sie die Energie in den umgebenden Raum geben oder in sich selbst verteilen. Das Anhalten des Atems lässt das Biopotenzial enorm ansteigen.

Wiederholen Sie jede der oben genannten Atemübungen dreimal. Atemübungen sind ein wirksames Mittel zur Steigerung des eigenen Biopotenzials. Sie können die Übungen ganz einfach in ihren Alltag integrieren. Wenn Sie etwa einen Nachmittagsspaziergang machen oder für etwas frische Luft auf Balkon oder Terrasse gehen, können Sie kurz innehalten, tief einatmen und sich beim Ausatmen Gesundheit wünschen. Dann atmen Sie ein zweites Mal ein und wünschen sich beim Ausatmen Gesundheit und Wohlbefinden für ihre Freunde, Verwandte und Bekannte. Beim dritten Atemzug stellen Sie sich vor, dass die Energie, die aus Ihrem Körper kommt, den ganzen Globus in einer Welle umhüllt und wünschen dabei allen Menschen auf der Welt Gesundheit.

Sobald Sie die verschiedenen Atemtechniken regelmäßig durchführen, wird sich Ihr Biofeld stark verändern. Es ist möglich, dass Angehörige und Bekannte anfangs über Kopfschmerzen klagen, wenn sie in Ihrer Nähe sind. Dies kann auf eine Zunahme Ihres Biofeldes zurückzuführen sein, das einen leichten Druck auf die Schläfen Ihrer Angehörigen oder Bekannten ausübt. Versuchen Sie, sich etwas von ihnen zu entfernen und fragen Sie, ob sich diese Menschen jetzt anders fühlen. Es ist wahrscheinlich, dass der Druck abnehmen wird. Aber lassen Sie sich davon nicht irritieren, denn der regelmäßige Kontakt mit Ihrem gereinigten, energetisch gefüllten Biofeld wird positiven Einfluss auf die Gesundheit der Menschen in Ihrem Umfeld haben.

Sie helfen mit der Atemgymnastik also nicht nur sich selbst, sondern auch Ihren Verwandten und Bekannten.

WILLENSKRAFT UND INTUITION: MEISTERN SIE IHRE SELBSTREGULIERUNG

Selbstregulierung durch Willenskraft ermöglicht es, interne Prozesse bewusst zu beschleunigen und Stress abzubauen. Durch die Entwicklung unserer Intuition und das Schaffen einer entspannten Atmosphäre können wir mit unserem inneren Selbstregulierungssystem kommunizieren, um Wohlbefinden und Ruhe zu erreichen.

»In der Stille unseres Geistes entdecken wir die verborgene Kraft der Selbstregulierung und erfahren eine Welt des inneren Friedens und der Heilung.«

Sebastian Lichtenberg

Jeder von uns verfügt über ein gewisses Maß an innerer Selbstbeherrschung. Stellen Sie sich vor, Sie könnten morgens genau zu der Zeit aufwachen, die Sie sich am Abend vorgenommen haben. Dies ist ein Sonderfall der *Selbstregulierung* – eine Interaktion mit einem internen System, das von Natur aus in uns angelegt ist und durch mentale Befehle gesteuert werden kann. Die Selbstregulierung ermöglicht es Ihnen, alle internen Prozesse um ein Vielfaches zu beschleunigen, und Sie können etwa in fünf Minuten planmäßigen Schlafs genauso viel Erholung finden wie in zwei Stunden Schlaf. Wenn Sie einen mentalen Befehl geben wie *»Ich stehe in fünf Minuten auf und fühle mich wach und erholt«* wird die Selbstregulierung automatisch Ihre inneren Reserven aktiv mobilisieren und die Geschwindigkeit des Stressabbaus vervielfachen.

Unser inneres System ist in der Lage, eine Art Vorschau auf zukünftige Ereignisse zu geben.

Vielleicht ist Ihnen das auch schon passiert, dass Sie dachten: »Ich gehe jetzt zu einem ganz bestimmten Geschäft«, und auf einmal denken Sie, »es ist wahrscheinlich geschlossen«. Und sie gehen trotzdem los und das Geschäft ist dann tatsächlich geschlossen. Um in unserer Umgebung zurechtzukommen und intuitive Ahnungen oder Empfindungen als eine Art inneres Navigationsgerät nutzen zu können, müssen wir die biologische Uhr unseres Körpers justieren. Wir müssen lernen, mit diesem inneren Selbstregulierungssystem zu kommunizieren, es zu lenken und unseren Gefühlen zu vertrauen.

DAS GRUNDPRINZIP DER SELBSTREGULIERUNG

An erster Stelle steht die Entwicklung des Gefühls, das eine ebenso wichtige Informationsquelle ist wie das Sehen oder Hören. Wenn wir zum Beispiel irgendwo zu Besuch sind, wählen wir oft intuitiv den Platz aus, an dem wir uns am wohlsten fühlen. Es scheint eine unbewusste Entscheidung zu sein, aber die richtige: In einem entspannten Zustand handeln wir automatisch nach unserer Intuition und regulieren somit unser Wohlbefinden. Diese von der Natur in uns angelegte Selbstregulation kann bewusst von uns angesteuert werden.

Um eine entspannte Atmosphäre während des Erlernens der bewussten Selbstregulation zu schaffen, sollten einige Bedingungen erfüllt sein:

- ruhige, leichte Musik, vorzugsweise ohne Worte
- ein energiereicher und entspannender Kraftort
- Lärm und andere äußere Reize ausblenden

Ein Kraftort ist ein Ort, der zu einem bestimmten Zeitpunkt am besten geeignet ist, den Körper zu entspannen. Um Selbstregulierung effektiv zu praktizieren, müssen Sie einen Ort der harmonischen Energie für sich selbst finden.

Gehen Sie folgendermaßen vor: Suchen Sie sich einen ruhigen Ort in Ihrer Wohnung oder in der Natur. Stellen Sie sich aufrecht hin, schließen Sie die Augen und geben Sie sich mental die Anweisung: »Richtung«. Der Körper selbst beginnt, sich in die eine oder andere Richtung zu drehen, als ob er mithilfe eines Kompasses die beste Richtung für sich selbst bestimmen würde. Dies hängt von der Bewegung der Planeten, der Jahreszeit und dem inneren Zustand des Körpers ab. Wenn wir in der Nacht aufwachen, stellen wir manchmal fest, dass wir auf der Seite des Bettes liegen und unsere Beine oder Arme so ausgestreckt haben, wie es für uns bequem ist. In einem entspannten Zustand findet unser Körper automatisch die für ihn passende Richtung und ruht am besten in dieser Position. Haben Sie sich für eine Richtung entschieden, atmen Sie tief und intensiv ein und wieder aus – lassen Sie negative Informationen los, trennen Sie sich von energetischen Anhaftungen. Die weiße Energie, die sich beim Einatmen in der Lunge sammelt, nimmt beim Ausatmen die überschüssige Spannung mit und geht in die Erde. Wiederholen Sie diese Übung mehrere Male. Eine weitere Möglichkeit, den Lauf der Gedanken zu stoppen und die inneren Entspannungsreserven zu aktivieren, sind bestimmte Handbewegungen.

Übung:

GEGEN INNERE ANSPANNUNG

Legen Sie Ihre Handflächen aneinander. Richten Sie Ihren Blick auf die linke Handaußenseite und beginnen Sie, Ihren Körper im Uhrzeigersinn zu drehen. Wiederholen Sie diesen Schritt. Führen Sie nun das Gleiche mit Ihrer rechten Hand durch. Blicken Sie auf die rechte Handaußenseite und drehen Sie Ihren Körper im Uhrzeigersinn. Jetzt blicken Sie beide Hände gleichzeitig an und drehen Sie sich im Uhrzeigersinn. Finden Sie es schwierig? Es mag einige Zeit dauern, bis Sie diese Übung beherrschen. Üben Sie weiter, denn Ihr Gehirn wird aus seinem alltäglichen Denkmuster ausscheren und in einen entspannten Zustand übergehen. Ihr Gedankenfluss wird ruhiger und innere Anspannungen lösen sich auf. Diese Übung stimuliert beide Gehirnhälften und kann die Denkleistung deutlich steigern. Reaktionen, Witz und Einfallsreichtum werden gefördert.

Übung:

SCHAUKELN ZUR ERHOLUNG UND GEGEN SCHMERZEN

Wenn die Anspannung weg ist und Sie sich entspannt haben, stellen Sie sich aufrecht hin, schließen Sie die Augen und bleiben Sie eine Minute lang ruhig stehen und hören Sie auf Ihre Empfindungen. Der Körper schwingt leicht vorwärts, nach hinten, im oder gegen den Uhrzeigersinn (der Körper wählt selbst die richtige Richtung). Wenn Sie nicht schwanken, ist Ihr Körper noch zu angespannt. Sie müssen einen entspannten Zustand erreichen, sonst kann sich Ihr Körper nicht vollständig erholen und seine latenten Selbstheilungsmechanismen aktivieren. Während der

Selbstregulierung wird das Biopotenzial vollständig wiederhergestellt und gleichmäßig im gesamten Biofeld verteilt. Organe, die aufgrund von geistigem oder körperlichem Stress unter Energiemangel leiden, der zu Krämpfen und Schmerzen führt, erhalten die notwendige Energie und die überschüssige Energie wird umverteilt. Daher reicht es aus, eine Minute lang zu schaukeln, um **schmerzhafte Empfindungen schnell zu lindern.**

Um die Wirkung zu verstärken, versuchen Sie, das gewünschte Ergebnis gedanklich zu formulieren und die entsprechende innere Anweisung an den Körper zu geben. Wenn Sie zum Beispiel Kopfschmerzen haben, können Sie folgende Haltung einnehmen: »*Ich zähle jetzt bis drei, und eine Minute lang werde ich mich leicht schütteln, und wenn ich meine Augen öffne, ist mein Kopf leicht und klar.* ***Ich fühle mich großartig!***«

Schaukeln ist Entspannung für den Körper, und in diesem Zustand ist das Gehirn am empfänglichsten für eine mentale Ansprache.

So können Sie jede beliebige Anweisung formulieren, zur Verbesserung des Gedächtnisses und der Sehkraft, zur Normalisierung der Verdauung oder für einen guten Schlaf. Seien Sie konkret, in dem, was Sie wollen und vermeiden Sie Verallgemeinerungen wie »sich gut fühlen«. Natürlich sind auch Verallgemeinerungen gültig, aber der Körper wird das Endergebnis nicht erkennen können, und die Wirkung wird abgeschwächt. Überlegen Sie einmal, was genau mit »sich wohlfühlen« gemeint ist. Das kann eine Leichtigkeit im Kopf sein, das völlige Fehlen von Schmerzen im Rücken, eine erhöhte Geschwindigkeit der Denkprozesse und vieles mehr.

Sie müssen nicht alle möglichen Wünsche in einer Sitzung loswerden. Greifen Sie eine Sache heraus, die im Moment am wichtigsten ist. Erstellen Sie zudem ein Programm mit den Dingen, die Sie entwickeln oder verändern möchten. Es ist sehr nützlich, diese Liste schriftlich festzuhalten, dann haben Sie eine klare Vorstellung von Ihren Zielen.

Zusammenfassung Selbstregulierung:
Schritt 1: Wählen Sie den ruhigsten Ort, der sich am besten für die Übungen anfühlt.
Schritt 2: Entspannen Sie sich, löschen Sie jede unnötige Erregung durch Atmung und Rechtsdrehung mit linker und rechter Hand. Geben Sie gedanklich die Anweisung »Richtung« und drehen Sie in die gewünschte Richtung.
Schritt 3: Zählen Sie bis drei und werden Sie dabei immer entspannter. Bestimmen Sie eine mentale Anweisung, um zu erreichen, was Sie wollen, und schaukeln Sie eine Minute lang, bleiben Sie in einem entspannten, unkontrollierten Zustand.
Schritt 4: Öffnen Sie die Augen. Beobachten Sie, wie Sie sich nach der Übung und während des Tages fühlen.

Führen Sie ein bis zwei Selbstregulierungssitzungen pro Tag durch, indem Sie im Geiste formulieren, was Sie erreichen wollen. Dabei kann es nicht nur um die Gesundheit gehen, sondern auch um persönliche Verbesserungen und soziale Beziehungen. Wenn Sie bestimmte Eigenschaften in sich entwickeln wollen, wie etwa Kontaktfreudigkeit, Reaktionsfähigkeit, Sensibilität, geben Sie in Ihrer mentalen Formulierung an, welchen Mangel Sie durch die gewünschte Eigenschaft ersetzen wollen.

Hinweis: Anweisungen mit dem Wort »NEIN/NICHT« (ich werde nicht rauchen, ich werde nicht zu viel essen) sollten Sie nicht verwenden. Das Gehirn verwirft automatisch das »NICHT« und dann wird sich die Einstellung in das genaue Gegenteil verkehren. Verwenden Sie ähnliche Formulierungen ohne das negative Wort (ich esse maßvoll, ich trinke maßvoll Alkohol usw.). Arbeiten Sie regelmäßig mit Ihrem internen System, um die Gedächtnisleistung zu erhöhen und die visuelle und auditive Wahrnehmung zu entwickeln. Selbstregulierungsübungen können auch dazu verwendet werden, verlorene Gegenstände zu suchen und vergessene Informationen abzurufen. Geben Sie in einem entspannten, schaukelnden Zustand die Anweisung, das betreffende Objekt zu finden, und erinnern Sie sich dabei an das letzte Mal, als Sie es gesehen haben. Überanstrengen Sie dabei Ihren Geist nicht. Das Unterbewusstsein hat bereits Informationen über den Standort des gewünschten Objekts. Wenn Sie sich in einem entspannten Zustand befinden, ist es leicht, dies zu tun, und nach einer Weile fallen Ihnen die vergessenen Informationen wieder ein.

Bei der Selbstregulierung stellt sich der Körper von erzwungenen Rhythmen auf seinen eigenen, am besten geeigneten und angenehmen Rhythmus ein. Der Geist entspannt sich und beginnt, viel mehr Informationen aufzunehmen und sich mehr zu merken, als er es normalerweise in seiner täglichen Arbeitsweise tut. Beobachten Sie die Ergebnisse sorgfältig und achten Sie auf positive Veränderungen in Ihrem Verhalten und Ihrem Wohlbefinden.

Mentale Anweisungen prägen den persönlichen Raum einer Person. Und die persönliche Energie ist wie ein Leuchtfeuer. Ein Feuer, das genau das anzieht, was Sie brauchen. Deshalb sind wir in der Lage, mit unseren positiven Gedanken die notwendigen Ereignisse zu gestalten und auch in den schwierigsten Situationen erfolgreich zu sein. Das ist der Sinn der Selbstregulierung.

BEISPIELE FÜR MENTALE ANWEISUNGEN ZUR SELBSTREGULIERUNG

Für ausgezeichnete Gesundheit und mehr Wohlbefinden

- Jeden Tag fühle ich mich besser und besser.
- Mein Körper ist voller Vitalität und Energie.
- Ich fühle mich körperlich stark und gesund.
- Mein Körper ist jung und stark.
- Ich habe Vertrauen in mich selbst!
- Ich habe eine sehr entspannte Einstellung zum Essen und weiß, dass maßvolles Essen der Schlüssel zu Gesundheit und Verdauung ist. Ich fühle mich leicht und zuversichtlich.

Für eine positive Einstellung zur Arbeit

- Meine Arbeit erfüllt mich sehr.
- Ich helfe Menschen.
- Meine Kollegen mögen mich, und ich fühle mich bei ihnen immer sicher.
- Jeden Morgen wache ich mit einem echten Wunsch auf, zur Arbeit zu gehen.
- Ich bin stolz auf meine Professionalität und Kreativität.

Für finanzielles Wohlergehen

- Meine finanziellen Angelegenheiten laufen gut.
- Das Geld fließt in meine Hände.
- Ich erhalte vielversprechende Angebote von Arbeitgebern und nutze jede Chance, um noch wohlhabender und erfolgreicher zu sein.
- Mein Verstand entwickelt sich von Tag zu Tag, und ich habe neue Wege für Fülle und Reichtum gefunden.

- Ich weiß, wie man Geld verdient und es vernünftig ausgibt.
- Ich bin ein reicher und unternehmerisch denkender Mensch.

Für Prüfungen

- Ich fühle mich selbstbewusst und sicher, weil ich den Stoff gut kenne.
- Ich werde die Fragen schnell und klar beantworten.
- Ich habe eine schnelle Reaktionszeit und einen weiten Horizont, und ich werde jede Frage des Prüfers in der Zeit beantworten.
- Ich werde die Prüfung mit Bravour bestehen!

Für Alkoholverträglichkeit

- Ich habe eine entspannte Einstellung zum Alkohol, vermeide übermäßigen Konsum und verfüge über eine gute Selbstkontrolle.
- Ich habe keinen Kater und fühle mich immer wach und energiegeladen.
- Ich trinke in Gesellschaft nur in Maßen, und meine Freunde respektieren mich dafür.

Für die Entwicklung von Führungsqualitäten

- Ich bin ein selbstbewusster Chef und ein zuverlässiger Partner.
- Ich verfüge über alle notwendigen Kenntnisse und Fähigkeiten, um schnelle Entscheidungen zu treffen und mein Team zu inspirieren.
- Ich bin ein guter Organisator und ein unternehmungslustiger Mensch und kann alles tun, um mein Team zu Erfolg und Wohlstand zu führen.
- Meine Partner respektieren mich und vertrauen mir vollkommen.

Für Sexappeal

- Ich sehe großartig aus!
- Alle Frauen/Männer werden auf mich aufmerksam, weil ich sanft, charmant und immer anders bin – ein echtes Geheimnis für Frauen/Männer!
- Ich weiß, womit ich meinem Partner/meiner Partnerin eine echte Freude bereiten kann.
- Mein/e Frau/Mann (Freund, Partner) liebt mich und bewundert mich.
- Ich bin sinnlich und anziehend.

Für beruflichen Erfolg

- Ich bin ein fleißiger und ausdauernder Mensch.
- Die Arbeit, die ich mache, macht mir Spaß, und ich liebe sie.
- Ich habe immer Erfolg durch Ausdauer und Beharrlichkeit.
- Ich strebe nach geistiger und körperlicher Entwicklung und bin in der Lage, mich in mehrere Richtungen gleichzeitig zu entwickeln.
- Meine Erfolge spornen mich an und inspirieren mich zu neuen Leistungen.

Für Geduld und Wohlwollen

- Ich liebe die Menschen in meinem Umfeld, freue mich aufrichtig über ihre Leistungen und unterstütze sie, wenn sie versagen.
- Ich behandle die Menschen mit großer Sorgfalt und Geduld, und dafür schätzen sie mich sehr.
- Ich bin immer bereit zu helfen und mein Bestes zu geben.
- Meine Familie, Freunde und Kollegen lieben und respektieren mich.

SO WERDEN ENERGIEN DURCHLÄSSIG

Wenden wir uns einer weiteren wichtigen Strategie zu: dem Werden der Transparenz. Sie fragen sich vielleicht, wie das möglich ist. Klar, man kann seine physische Präsenz nicht unsichtbar machen, doch auf energetischer Ebene lässt sich tatsächlich eine Art Transparenz erreichen. Und das bringt viele Vorteile mit sich! Denken Sie an alle energetischen Einflüsse von Menschen um Sie herum. Wenn Sie es schaffen, energetisch transparent zu werden, stören diese Einflüsse Ihr Biofeld nicht – sie werden einfach hindurchgleiten, ohne es mit deren potenziell destruktiven Einfluss zu belasten. Transparenz ist die Kunst, unsichtbar zu sein. Wenn Sie bei einem unerwarteten, lauten Ton zusammenzucken, bedeutet das, dass der Körper übermäßig gestresst ist und die Schallwelle nicht durch das Biofeld geht, sondern darin »stecken bleibt«. Was passiert, wenn der Ton eine negative Information enthält?

Regel 1: *Sei still!* Das bedeutet nicht, dass Sie die ganze Zeit schweigen und sich nicht auf ein Gespräch einlassen. Versuchen Sie, *in Ihren eigenen Gedanken still* zu werden. Das mag nicht einfach sein, denn wir sind es gewohnt, unsere Probleme und die anderer Menschen gedanklich zu erörtern und verschiedene Situationen immer wieder durchzugehen. In diesem Fall fluktuiert die Atmosphäre um uns herum und zieht alle Arten von Energieströmen aus der Umgebung an. Außerdem kann die gedankliche Auseinandersetzung mit bevorstehenden Ereignissen und Aktivitäten das Energielimit erschöpfen. Wenn wir in unseren Gedanken schweigen, ruht erstens unser Gehirn, und zweitens fördert es die »Energie-Informationsisolation« im positiven Sinne – wir ziehen keine Informationen über die Krankheiten und Probleme anderer Menschen an uns heran.

Wenn Sie dazu neigen, allen von Ihren Plänen und Wünschen zu erzählen, ist es wahrscheinlich, dass Sie Ihre Vorstellungen nicht oder nur teilweise verwirklichen können. Nicht jeder hat Verständnis für die Wünsche anderer. Der negative gedankliche Einfluss unserer Mitmenschen auf unsere Wünsche kann den normalen Ablauf der Ereignisse stören. Vermeiden Sie also Geschwätzigkeit, schweigen Sie nicht nur *nach innen*, sondern auch *nach außen*, und die Chancen auf eine positive Entwicklung werden steigen.

Regel 2: *Sei achtsam!* Das bedeutet, dass Sie die Fähigkeit besitzen, möglichen Unhöflichkeiten oder der Unbeholfenheit anderer auszuweichen. Somit werden Konflikte und innerer Unmut verhindert, die Sie zwangsläufig aus dem Gleichgewicht bringen würden. Vorsorge ist eine Kunst, die eine genauere Betrachtung des Lebens und ein Verständnis für die Eigenschaften der Menschen erfordert. Sie ermöglicht es Ihnen, die weitere Entwicklung der Situation vorherzusehen und sich entsprechend angemessen und geduldig zu verhalten.

Ein Beispiel: Sie fahren mit dem Auto auf der Autobahn. Nicht jeder Fahrer ist in der Lage, eine Situation auf der Straße zu erkennen und sich angemessen zu verhalten, um nicht in einen Unfall zu geraten. Ein vorausschauender Fahrer sieht die mögliche Entwicklung der Situation voraus. Er erhöht oder verringert die Geschwindigkeit, weicht aus und schützt sich und seine Fahrgäste vor einer unerwünschten Entwicklung der Situation.

Achten Sie auch auf Ihre Intuition: Ein Gefühl der Angst oder der Aufregung, ein starker Widerwille, zu einer Veranstaltung zu gehen oder ein komisches Gefühl im Bauch bezüglich einer bevorstehenden Situation sind sehr wichtige Signale und sollten beachtet werden. Sehr oft schreit unser Sicherheitssystem »SOS!«, aber wir hören nicht darauf und ignorieren für uns wichtige Informationen.

Regel 3: *Verschmelzen Sie mit Ihrer Umgebung!* Unabhängig davon, wo Sie sich befinden, können Sie immer Teil der Situation werden.

Wenn Sie lernen, sich an das Verhalten und den Entwicklungsstand der Menschen anzupassen, werden Sie nie ein Fremder sein. Außerdem werden die Unbeholfenheit und Schüchternheit sowie das Gefühl, »fehl am Platz« zu sein, vergehen, wenn Sie mit den anderen »verschmelzen«. Wenn Sie sich mit unangenehmen Menschen umgeben, deren Verhalten Ihnen nicht gefällt oder Sie gar schockiert, sollten Sie überlegen, ob Sie zu diesem Kreis gehören wollen.

Regel 4: *Sei freundlich!* Freundlichkeit schafft eine angenehme, warme Atmosphäre. Dadurch werden die negativen Auswirkungen für Sie drastisch reduziert. Wer würde schon zerstören, was er mag?

Wenn Atemübungen und die vier Regeln zu einer alltäglichen Gewohnheit werden, zu einem festen Bestandteil des Lebens, wird Sie ein Gefühl von innerem Wohlbefinden und Leichtigkeit begleiten. Die Praxis dauert nur 15 bis 20 Minuten pro Tag, aber mit jedem Mal wird die Effektivität der Übung höher und höher, und die Fähigkeit, den eigenen Körper zu steuern und Schmerzen zu regulieren, steigt.

ENERGETISCHE DIAGNOSTIK: DAS ERFASSEN VON SCHMERZ UND BLOCKADEN DURCH SPIEGELUNG

Zu den diagnostischen Methoden in der therapeutischen Praxis gehören das Spiegeln des Patienten, um Empfindungen und Schmerzpunkte zu erfassen, sowie die Verwendung von hochsensiblen Handflächen, um energetische Blockaden zu erkennen. Praxis und Schutz des eigenen Biofelds sind entscheidend für erfolgreiche und sichere Diagnosen.

> *»Durch die stille Beobachtung und das Fühlen der Energien um uns herum können wir die verborgenen Botschaften des Körpers entschlüsseln und Heilung auf einer tieferen Ebene ermöglichen.«*
>
> *Brigitte Seidl-Lichtenberg*

Die in der diagnostischen Praxis am häufigsten verwendete Methode ist die »Spiegelung«. Die Essenz ist folgende: Der Energetiker steht dem Klienten in einem gewissen Abstand (0,5 bis 1,5 m – je nach Sensibilitätsgrad) gegenüber und beginnt, ihn zu spiegeln, indem er die Körperhaltung inklusive der Position der Hände und Beine kopiert und sich an die Atmung und den Herzschlag seines Gegenübers anpasst. Nach einer gewissen Zeit beginnt der Energetiker, die gleichen Empfindungen zu erleben wie sein Klient. Wenn zum Beispiel eine Person ein Herzleiden hat, wird der erfahrene Energetiker Schmerzen auf der rechten Seite in Höhe des Herzens spüren; wenn ein Bruch im rechten Arm vorliegt (oder vorlag), wird der

Energetiker Schmerzen im linken Arm spüren. Wenn man sich in der Anatomie auskennt und entsprechende Erfahrung mit der Spiegelung hat, erkennt man, wo das Gegenüber Schmerzen hat (die Signale, die der Energetiker empfängt, werden gespiegelt). Darüber hinaus hilft diese Art der Diagnostik, die Stimmung des Klienten und seinen Gemütszustand unmittelbar zu erfassen. Erfahrene Spezialisten benötigen nur 30 bis 40 Sekunden, um eine Diagnose zu stellen und festzustellen, wo und was der Schmerz ist.

Eine weitere gängige Methode ist die hochentwickelte Tastsensibilität der Hände. Wenn die Handflächen sehr empfänglich für Energieimpulse von außen sind, können sie sofort leichte Schwingungen und Signale des Klienten aufnehmen und Rückschlüsse auf dessen inneren Zustand ziehen. In diesem Fall bedeutet dies, dass der Energetiker die energetischen Blockaden über seine Hände spürt.

Die Fähigkeit, Informationen durch Empfindungen wahrzunehmen, wird durch ständige Übung erworben. Um die Sensibilität der Hände zu erhöhen, ist es notwendig, mit der Energie eines anderen Menschen in Kontakt zu treten und die Aufmerksamkeit auf die eigenen Empfindungen zu erhöhen.

WAS SIND ENERGETISCHE BLOCKADEN?

Eine energetische Blockade bezieht sich auf eine Verzögerung oder Einschränkung des Flusses von Energie im Körper. Diese Blockaden können in verschiedenen Energiezentren oder -kanälen des Körpers vorkommen, wie etwa der Chakras, Meridiane oder des Nervensystems. Energieheiler nehmen eine Blockade oder Dysbalance im Energiekörper des Menschen wahr, wenn an einer bestimmten Stelle die Energie zu träge fließt oder sich nicht so schnell bewegt wie in einem gesunden und von Blockaden freien Energiekörper. Das können Sie vergleichen mit Wasserleitungen in einem Haus, bei denen ein verengtes oder durch Ablagerungen verstopftes Rohr den Wasserfluss behindert. Dadurch kommt es zu einer Stauung oder einem Überfließen vor der blockierten Stelle, während dahinter zu wenig Wasser fließt.

Die Behandlung von energetischen Blockaden hat zum Ziel, Hindernisse und »Energiestauungen« aufzulösen, damit die Energie wieder auf natürliche Weise hindurchfließen kann und der ganze Energiekörper zu einem ausgewogenen Zustand zurückkehrt. Schmerzen entstehen durch blockierte Energie, und chronische Schmerzen deuten auf Blockaden hin, die schon seit einiger Zeit bestehen. Wenn jemand an einer solchen Blockade leidet, fügt eine energetische Heiltechnik seinem System Energie hinzu: Man verstärkt damit also den energetischen Fluss in dem Bereich, in dem er zu schwach ist, sodass an der blockierten Stelle jetzt wieder mehr Energie vorhanden ist.

Die Arbeit am Energiekörper durch Energieheilungstechniken ist eine wunderbare Ergänzung zu den Therapien der Schulmedizin. Durch die Identifizierung und Beseitigung von Blockaden können physische und emotionale Probleme verbessert und ein höheres Maß an Wohlbefinden und Gesundheit erreicht werden.

Es geht bei der Energieheilung darum, der Entstehung von Krankheiten vorzubeugen und das erkrankte Energiesystem von Blockaden zu befreien und damit die Selbstheilungskräfte zu aktivieren.

Insgesamt ist die Vorstellung von energetischen Blockaden ein wichtiger Aspekt in vielen Heilmethoden und -philosophien.

Es gibt viele Faktoren, die zu energetischen Blockaden führen können.

Einige dieser Faktoren sind:

- Emotionale Belastungen – negative Emotionen wie Stress, Angst, Traurigkeit oder Wut
- Verletzungen – körperliche Verletzungen wie Knochenbrüche, Verstauchungen oder Verbrennungen
- Toxine – Giftstoffe in Nahrung, Luft oder Wasser
- Mangelnde Bewegung – Bewegungsmangel kann einen stagnierenden Energiefluss auslösen
- Falsche Ernährung – falsche Ernährung kann den Energiefluss im Körper stören

aufdringliche, stagnierende und dichte Energiefelder

Schnüre, ungesunde Anhaftungen, energetische Haken und Implantate

Energieabflüsse, Lecks, Trümmer und Schlamm

schwache äußere Ausstrahlung, Löcher, Risse und Sprünge

trübe oder dunkle Aura mit unausgewogenem Energiefluss

EMOTIONEN ALS ENERGIE

Emotionen sind Schwingungen, die Gehirn und Körper wahrnehmen. Hoch schwingende Emotionen wie Liebe und Freude sind gesund, während niedrig schwingende wie Angst und Trauer auf Dauer zu Problemen führen können. Die Art, wie wir mit unseren Emotionen umgehen, beruht auf Lebenserfahrungen, Gewohnheiten und erlernten Verhaltensweisen. Eine bewusste Auseinandersetzung mit unseren Gefühlen ermöglicht es uns, unser emotionales Wohlbefinden zu verbessern und ein glücklicheres Leben zu führen.

»Unsere Emotionen sind wie das Lied unserer Seele, das auf den Wellen des Universums tanzt, und es liegt an uns, die Melodie zu harmonisieren und uns auf die höheren Oktaven des Glücks und der Liebe einzustimmen.«

Sebastian Lichtenberg

DIE SCHWINGUNGSFREQUENZ UNSERER EMOTIONEN

Uns wird oft gesagt, wie wir glücklich sein können: mehr Sport treiben, richtig essen, negative Menschen meiden, positive Bücher lesen … Es gibt aber leider keine Formel für das Glücklichsein, oder vielleicht doch? Wenn wir die Wissenschaft unserer Emotionen verstehen und wissen, wie und warum wir sie erleben, können wir unser Verhalten (und das anderer Menschen) objektiv und wertungsfrei betrachten. Uns selbst objektiv zu beobachten, gibt uns die Möglichkeit, Gewohnheiten zu ändern, die uns vom Glück wegführen. Die Quantenphysik besagt, dass alles aus Energie besteht. Und alles, was aus Energie besteht, schwingt. Alles, was schwingt, strahlt demnach eine bestimmte Schwingungsfrequenz aus, auch unsere Emotionen.

Hoch schwingende Emotionen wie Dankbarkeit, Liebe, Freude schwingen mit einer Frequenz von 400–600 Hz, niedrig schwingende, wie Angst, Trauer, Schuld und Scham mit einer Frequenz von 20–100 Hz. Niedrig schwingende Emotionen stellen eine gesunde Kommunikation unseres Gehirns mit unserem Körper dar, welche uns signalisieren, dass sich die Umstände ändern müssen. Verharren wir zu lange in niedrig schwingenden Emotionen, können Ängste und depressive Verstimmungen die Folge sein. Eine eher neutrale Emotion schwingt mit einer Frequenz von 250 Hz, das wäre etwa unsere Schwingung, wenn wir aus einem erholsamen Schlaf erwachen. Innerhalb von Sekunden entscheiden unsere Gedanken, Erinnerungen und Gewohnheiten darüber, ob unsere emotionale Schwingung ansteigt oder sinkt. Nach Angaben der National Science Foundation hat ein durchschnittlicher Mensch etwa 12.000 bis 60.000 Gedanken pro Tag. Davon sind 80 % negativ und 95 % sich wiederholende Gedanken. Da in 80 % der Zeit negative Gedanken vorherrschen und unsere Gedanken unsere Emotionen kontrollieren, ist es nur logisch, dass für das Erreichen und die Aufrechterhaltung von hoch schwingenden Emotionen viel Energie nötig ist.

Emotionen werden von der Amygdala im limbischen System des Gehirns wahrgenommen. Die Amygdala ist das Zentrum der emotionalen Verarbeitung, das auch Input von anderen Gehirnfunktionen, wie Gedächtnis und Aufmerksamkeit erhält. Der Input bestimmt, wie das limbische System mit dem Körper kommuniziert. Hoch schwingende Emotionen stimulieren Glückshormone wie Dopamin, Serotonin und Oxytocin, die unserem Körper mitteilen, dass das

Leben großartig ist! Niedrig schwingende Emotionen stimulieren Stresshormone wie Cortisol, Adrenalin und Nor-Epinephrin, die unserem Körper signalisieren, dass unser Leben in ernster Gefahr ist.

Stellen wir uns vereinfacht einen Hund vor. Ein Hund erhält einen Befehl von seinem Herrchen oder Frauchen. Je nachdem, wie gut der Hund trainiert und behandelt wurde, reagiert er auch entsprechend. Wenn ein Hund auf eine ausgewogene, liebevolle Art und Weise mit Grenzen und Respekt erzogen wurde, arbeitet er mit seinem Herrchen zusammen, er ist vertrauensvoll und gehorsam. Wenn ein Hund von seinem Herrchen oder Frauchen missbraucht, vernachlässigt und misshandelt wurde, fehlt ihm das Vertrauen und er reagiert wahrscheinlich mit Erstarren, Flucht oder Kampf. Der Hund könnte:

1. In Angst zusammenkauern – erstarren
2. Weglaufen – Flucht
3. Angreifen – Kampf

Die Amygdala ist der Hund – die Emotion. Sie sind das Herrchen bzw. Frauchen – also der Gedanke:

- Wie haben Sie Ihren Hund (Amygdala) behandelt und trainiert?
- Wie sprechen Sie mit ihm?
- Welche Befehle geben Sie ihm täglich?
- Haben Sie ein externes Trauma oder Stress erlebt, der Ihre Amygdala in einen ständigen Zustand des Erstarrens/Flucht/Kampfes versetzt hat? Ist Ihre Amygdala ausgeglichen, diszipliniert und erzogen?

Lebenserfahrung, erlernte Verhaltensweisen und Gewohnheiten bestimmen, wie Ihre Antworten auf diese Fragen lauten. Wir werden nicht formell über Emotionen aufgeklärt, sondern wir lernen über unsere Emotionen aufgrund des Feedbacks von anderen – unseren Eltern, Gleichaltrigen, Partnern und sogar Fremden. Diese Rückmeldungen sind oft verzerrt und ungenau, weil sie auf den Lebenserfahrungen, Gedanken und Gefühlen anderer beruhen, die nichts mit uns zu tun haben. Diese Rückkopplungsschleife kann zu Gefühlen wie Scham, Schuld, Unwürdigkeit und Apathie führen – allesamt niedrig schwingende Emotionen.

Das mag alles wie ein Weltuntergang aussehen, aber die gute Nachricht ist, dass wir einem alten Hund neue Tricks beibringen können! Wir wissen, wie unser Gehirn funktioniert und warum wir Emotionen fühlen. Wir wissen, dass wir nicht unsere Emotionen sind und dass sie nicht unsere Identität bestimmen. Sie sind eine Schwingung, das ist alles.

UMGANG MIT NIEDRIG SCHWINGENDEN EMOTIONEN

Jerry Hicks hat in seinem Buch *Ask and it is Given* (dt. Ausgabe: *Wünschen und bekommen*) die Emotionsskala vorgestellt, welche dabei helfen kann, das emotionale »Leit- oder Navigationssystem« effektiver zu nutzen. Am Anfang der Skala befinden sich Emotionen, die wir erleben, wenn wir uns vollständig mit unserer inneren Führung verbunden fühlen. Am Ende der Skala befinden sich Emotionen, die auftreten, wenn wir von unserer inneren Führung getrennt oder entfernt sind. Die dazwischenliegenden Gefühle repräsentieren verschiedene Grade beider Extreme. Dabei ist es wichtig zu beachten, dass es bei der Skala nicht um eine Bewertung unserer Emotionen geht, sondern darum, sich bewusst zu werden, wo man steht und wo man hinmöchte, um sein Leben nach seinen Vorstellungen und Wünschen zu gestalten.

Einen großen Sprung auf der Emotionsskala sollte man nicht erzwingen, da dies in den meisten Fällen nicht funktioniert und nicht nachhaltig ist. Viele Menschen versuchen verzweifelt, »positiv zu denken« und fühlen sich »schlecht«, wenn sie negative Emotionen haben oder es nicht schaffen, sich sofort wieder »gut« zu fühlen. Der Widerstand gegen eine Emotion führt jedoch oft dazu, dass genau diese verstärkt wird. Andererseits ist es genauso unproduktiv, sich in einer »negativen Emotion« zu verlieren. Stattdessen sollte man versuchen, nach der nächsten (oder übernächsten) möglichen Emotion auf der Skala zu greifen.

Beispiel Depression: Wenn man sich in diesem Zustand befindet, fühlt man sich oft machtlos und der Situation ausgeliefert. Es könnte hilfreich sein, sich bewusst zu werden, dass das Gefühl von Wut eine weitaus energiegeladenere Emotion darstellt. Wut hat auch eine weniger »hilflose« Komponente, da man sich in diesem Zustand oft stärker und energiegeladener fühlt. Es ist jedoch wichtig, dass man nicht versucht, sich gewaltsam in diese Emotion zu zwingen, sondern nach der nächsten möglichen Emotion auf der Skala greift. Nachdem man die Emotion der Depression gefühlt und akzeptiert hat, ist es möglich, sie loszulassen und zur nächstbesseren Emotion überzugehen. Wenn man also bewusst von Depression in Wut wechselt und sich auf der Emotionsskala bewegt, fühlt man sich bereits besser als zuvor. Es ist einfacher, von Wut aus in eine noch bessere Emotion zu gelangen, was man im Allgemeinen durch gezielten inneren Dialog erreichen kann. Wenn man weiß, wo man sich auf der Emotionsskala befindet und wo man hinmöchte, kann man mit bewusstem Denken in die nächsthöhere Emotion voranschreiten. Nur ein paar Minuten des bewussten inneren Dialogs reichen aus, um diese Schritte zu vollziehen.

Während man dies tut, ändert man allmählich seine Schwingung, was nicht nur den nächsten Schritt auf der Emotionsskala erleichtert, sondern auch eine nachhaltigere Veränderung bewirkt. Das bedeutet nicht, dass man zu diesem bestimmten Thema nie wieder negative Emotionen empfinden wird, aber sie werden kürzer und leichter zu bewältigen sein.

Um diese Methode an einem alltäglichen Beispiel zu verdeutlichen, nehmen wir an, dass Sie sich von jemandem enttäuscht fühlen (Stufe 12). Vielleicht sind Sie traurig und enttäuscht, weil Ihre beste Freundin nie pünktlich zu Verabredungen erscheint. Sie können versuchen, das Gefühl der Frustration (Stufe 10) zu erzeugen, indem Sie sich selbst sagen oder denken: »*Es enttäuscht mich wirklich sehr, dass sie immer zu spät kommt. Ich fühle mich, als würde sie mich nicht respektieren ... Es ist so frustrierend, dass sie immer glaubt, dass ich auf sie warten würde! Ich habe dieses Verhalten satt!*« In diesem Moment sind Sie auf der Emotionsskala bereits von Stufe 12 zu Stufe 10 gesprungen. Wenn Sie nun weitermachen und zu sich selbst sagen: »*Mir ist das jetzt egal. Statt blöd zu warten, gehe ich jetzt shoppen. Sie soll diesmal auf mich warten. Damit bin ich zufrieden (Stufe 7), und es macht sogar etwas Spaß (Stufe 3).*«

DIE EMOTIONSLEITER AUFWÄRTS

Manchmal kann man nicht genau ausmachen, was man fühlt und welche Emotion gerade dominant ist. Die Emotionsskala ist lediglich ein Werkzeug und kein Instrument, in das man Emotionen jederzeit einordnen muss, insbesondere nicht, wenn dies Anstrengung erfordert. Grundsätzlich gibt es nur zwei Emotionen: eine, die sich gut anfühlt, und eine, die sich nicht gut anfühlt. Wenn Sie sich nicht gut fühlen, sollten Sie versuchen, eine Emotion oder einen Gedanken zu finden, der Ihnen Erleichterung verschafft. Von diesem Punkt aus befinden Sie sich auf der emotionalen Aufwärtsspirale und bauen ein emotionales Momentum auf, das Sie weiter nach oben auf der Emotionsleiter treibt.

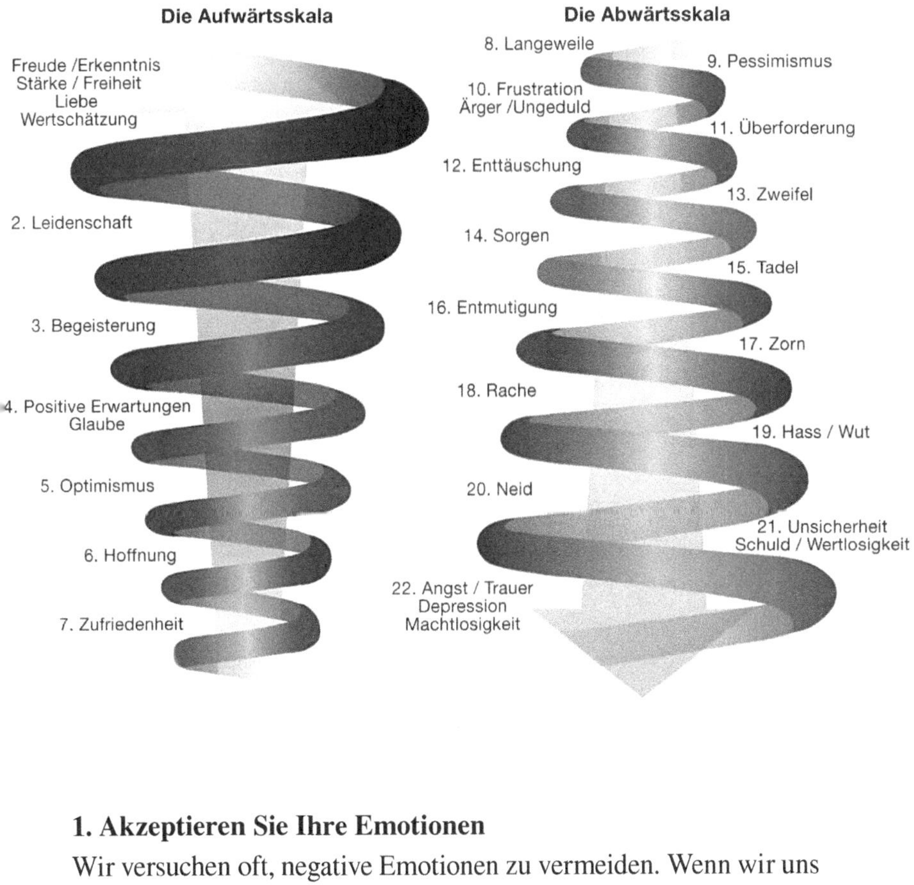

1. Akzeptieren Sie Ihre Emotionen

Wir versuchen oft, negative Emotionen zu vermeiden. Wenn wir uns erlauben, Gefühle vollständig und ohne Widerstand zu empfinden, werden sie oft recht schnell vorübergehen. Es ist der innere Widerstand, der eine negative Gedankenschleife erzeugt. Der eigentliche emotionale Teil des Prozesses dauert nur 7 bis 12 Sekunden!

In den meisten Fällen handelt es sich dabei um die Schwingung eines Gedankens, der nicht wirklich lebensbedrohlich ist. (Anders verhält es sich, wenn die Quelle des Stresses oder des Schmerzes wirklich lebensbedrohlich ist oder wenn es sich um eine sehr reale Trauer handelt – das ist eine Kombination von Emotionen, die rechtzeitig verarbeitet werden muss).

2. Versuchen Sie, Ihre Gedanken zu neutralisieren

Wenn wir unsere Gedanken neutralisieren, trägt das dazu bei, unsere Emotionen wieder in eine neutralere Schwingung zu bringen. Niedrig schwingende Emotionen und ihre hormonelle Reaktion senken vorübergehend Ihren IQ, was Entscheidungsfindung, Willenskraft und Problemlösung erheblich erschweren. Atmen Sie bewusst ein und aus und konzentrieren Sie sich auf einen Gegenstand. Dies wird sofort dazu beitragen, Ihre emotionale Schwingung zu neutralisieren, sodass Sie Ihre Gedanken oder die Situation ruhiger verarbeiten können.

3. Spüren Sie in sich hinein

Erkennen Sie die Schwingung, wie fühlt sie sich in Ihrem Körper an? Es gibt eine physische Kommunikation zwischen Ihrem Gehirn und Ihrem Körper in Form von hormonellen und chemischen Veränderungen. Nehmen Sie eine niedrig schwingende Emotion nicht persönlich, sie ist ein Signal Ihres Gehirns an Ihren Körper, dass eine Veränderung stattfinden muss – sie ist keine Reflexion Ihrer Identität oder Ihres Charakters.

Wie bei der Ausbildung eines Hundes braucht dieser Prozess Zeit, Geduld und tägliche Übung. Sie würden nicht erwarten, dass Ihr Hund nach einer einzigen Trainingseinheit sitzt, bleibt oder sich umdreht – es braucht Beständigkeit, Freundlichkeit und Mitgefühl. Erweisen Sie Ihrer Amygdala denselben Respekt!

UNGLEICHGEWICHT DER ENERGIE

Der menschlichen Anatomie zufolge strahlt Energie vom Zentrum zur Peripherie, von innen nach außen, so wie die Strahlen der Sonne von innen nach außen und dann in verschiedene Richtungen gehen. Daher können sich aus mehreren Gründen im Bereich der Organe Blockaden bilden, die den Energiedurchfluss behindern. Aus der Psychosomatik, die sich mit dem Einfluss psychischer und sozialer Faktoren auf den Körper auseinandersetzt, wissen wir, dass die Emotionen eines Menschen einen gravierenden Einfluss auf die körperliche Gesundheit haben. Durch ständigen Stress, Unzufriedenheit, Wut, Neid, Missgunst usw. kann unsere körpereigene individuelle Energiefrequenz aus der Harmonie getragen werden und sich auf ein bestimmtes Organ negativ auswirken.

Die Energien der genannten negativen Eigenschaften sammeln sich dann in einem bestimmen Organ an, was zu Energieanomalien führt. Der gleiche Effekt kann durch eine vollständige Unterbrechung der energetischen Versorgung hervorgerufen werden, die manchmal aufgrund eines Zusammenbruchs des Biofeldes auftritt (als Folge von Mobbing, bioenergetischem Vampirismus, Trauma, Streit usw.). Selbst ein einfaches Wort – eine Art Energie-Informations-Ton-Schwingung – kann der menschlichen Gesundheit ernsthaften Schaden zufügen, indem es in bestimmten Bereichen des Biofelds (Aura) Energiestörungen verursacht.

Nehmen wir als Beispiel ein Magenproblem. Der Magen ist ein wichtiges Verdauungsorgan. Durch die Magensäfte wird die Nahrung zersetzt und verflüssigt. Zu den häufigsten Magenproblemen gehören Geschwüre, Schleimhautentzündung, Sodbrennen, Blutungen, Krebs etc. Emotional betrachtet, stehen alle Magenprobleme im direkten Zusammenhang mit Akzeptanz – etwas anzunehmen, etwas verdauen zu können. Man leidet an der eigenen Intoleranz und ist gegen alles, was man selbst ablehnt, vor allem gegen Neues. Widerspruch gegen die eigene Lebensweise kann nicht akzeptiert werden. Unsere Seele zeigt uns in Form von Magenproblemen, dass es förderlich wäre, sich zu öffnen, zu lernen, das Leben anzunehmen, wie es ist, und sich auf Neues einzulassen.

Die emotionale energetische Anspannung legt sich auf das 3. Chakra mit der Folge, dass dieses nicht mehr harmonisch schwingt. Dadurch wird der Magen mit Energie unter- oder überversorgt, sodass sich ein Energiestau aufbaut. Das heißt: Der Magen wird aus der körpereigenen Energiefrequenz nach und nach in eine niederfrequente Energie hineinmanövriert und zeigt die Disharmonie durch Erkrankung und Schmerz an.

Wenn der normale Energiekreislauf im Laufe der Zeit nicht wiederhergestellt wird, kommt es zu weiteren Störungen, da die Energie an einer Stelle ständig abnimmt und an einer anderen Stelle aufgestaut wird. In beiden Fällen führt dies auf der körperlichen Ebene zu Schmerzen und Krankheiten aller Art.

Ziel der bioenergetischen Therapie ist es, die Entstehung von Krankheiten zu verhindern, indem der natürliche Energiefluss im Körper rechtzeitig wiederhergestellt wird.

Dies geschieht durch die **Biofeldkorrektur**, deren Prinzipien wir erlernen werden. Sie basiert auf vier Haupttechniken:

1. Energie fluten
2. Disharmonische Energie aufnehmen
3. Disharmonische Energie transformieren
4. Energie fluten

Zu 1: Zunächst wird das kranke Organ mit Energie geflutet, um die Konzentration der Negativität in diesem Bereich zu verdünnen und die Schmerzen zu lindern.

Zu 2: Im zweiten Schritt wird die negative Energie aufgenommen und anschließend transformiert. Das Herausziehen erfolgt mit einer Hand gegen den Uhrzeigersinn. Bei Blockaden in mehreren Organen ist es anfänglich empfehlenswert, jedes Organ einzeln von negativen Energiekontaminationen zu befreien. Je mehr Übung und Erfahrung wir bei der Energiearbeit sammeln, umso mehr Energie fließt durch unsere Hände und der Heilvorgang kann schneller durchgeführt werden.

Zu 3: Nachdem der energetische Heiler die negativen Energien und damit auch die negativen Informationen aus dem betreffenden Organ herausgezogen hat, wirft er diese in ein geistig entfachtes violettes Feuer, in dem alles verbrennt. Diesen Vorgang nennt man Energietransformation.

Zu 4: Damit das Organ durch die entnommene Energie nicht unter Energiemangel leidet, wird das Fluten noch einmal durchgeführt und die Energie gleichmäßig auf die gesamte Problemzone verteilt.

HEILENDE HÄNDE: DER RICHTIGE START FÜR EFFEKTIVE HEILSITZUNGEN

Bei einer Heilsitzung ist eine herzliche Begrüßung wichtig. Die Behandlung erfolgt idealerweise auf einer Liege, um Entspannung zu fördern. Durch Praxis und Vertrauen in die eigenen Fähigkeiten kann man Schmerzen lindern und Heilung unterstützen.

»In der Begegnung von Herz zu Herz öffnen sich die Türen der Heilung und des Vertrauens.«

Sebastian Lichtenberg

Aus der Quantenphysik wissen wir:
»Energie folgt der Aufmerksamkeit.«
Die Wissenschaftler fokussierten sich in ihren Experimenten auf Teilchen, und es zeigten sich Teilchen. Sie konzentrierten sich auf Wellen, und es erschienen Wellen. Die Welt der Physik und der Quanten ist »spooky«, wie Einstein einmal bemerkte.

Wir sagen zu unseren Schülern, die bei uns die HumanQuanten-Energetik erlernen: »*Wir können euch viel erzählen. Wendet einfach die Inspirationen an, die wir euch zur Verfügung stellen, und ihr werdet feststellen, dass Energiearbeit funktioniert.*«

War da nicht mal ein großartiger Heiler auf dieser Erde, der sagte: »*Es ist der Glaube, der Berge versetzt.*« und »*Das, was ich kann, könnt auch ihr und noch viel mehr.*«

Danke an unseren großen Bruder und Menschenfreund »Joshua Ben Joseph oder Jesus«.

WIE BEGINNT EINE HEILSITZUNG?

Wer zu mir und meiner Frau kommt, hat Kummer. Daher dürfen wir ihm von Anfang an das ehrliche Gefühl entgegenbringen, dass er/sie von Herzen willkommen ist. Wir haben bereits ein Glas Wasser bereitgestellt und bitten ihn oder sie, uns in unser Behandlungszimmer zu folgen und Platz zu nehmen. Wir fragen freundlich, wie wir ihm/ihr denn helfen dürfen und lauschen gespannt den Ausführungen (achte auf das Kapitel »Sprache und Tonierung des Klienten«) und versuchen herauszufinden, in welcher Zeit die Disharmonie emotional oder körperlich entstanden ist.

Normalerweise ist es empfehlenswert, eine Energiebehandlung auf einer bequemen Behandlungsliege durchzuführen, sofern keine akuten schmerzhaften Rückenprobleme vorliegen. In diesem Fall kann ein Feststellen der Problemzonen oder auch »Scannen« des Biofeldes auf einem Hocker oder im Stehen durchgeführt werden.

Die Behandlung auf der Liege hat den Vorteil, dass der Heilsuchende nach ca. 10 Minuten beginnt, sich zu entspannen und die Energieübertragung noch besser aufgenommen werden kann. Wir fahren mit den Handflächen den Körper des Klienten ab, ohne ihn dabei zu berühren, und achten auf die Besonderheiten unserer Empfindungen, während wir das Biofeld (Aura) untersuchen. Wir lassen den Patienten selbst über seine Beschwerden sprechen und überprüfen diese Informationen. Wenn sich die Hände kalt anfühlen und einsinken, bedeutet das, dass es an dieser Stelle eine Anomalie gibt. Es deutet an, dass ein Energiemangel in diesem Bereich vorhanden ist. Übermäßige Wärme oder Kribbeln weisen ebenfalls auf eine Anomalie hin. Hier kann ein Energiestau angezeigt werden.

Man muss kein großartiger Heiler sein, um jemandem zu helfen und Schmerzen zu lindern. Es genügt, die grundlegenden Techniken einer allgemeinen Heilsitzung zu erlernen und ständig zu üben.

Wenn Sie zum ersten Mal Schmerzen gelindert haben (was zwangsläufig der Fall sein wird), werden Sie Vertrauen in Ihre eigenen Fähigkeiten und in die Wirksamkeit der angewandten Techniken haben. Später werden Sie die Energie deutlicher spüren und mit mehr Vertrauen arbeiten, das auf konkreten Empfindungen und nicht auf imaginären Wahrnehmungen beruht.

Folgende Punkte sind von Bedeutung:

- Das Biofeld (die Aura) des Behandlers sollte vor Beginn der Sitzung geschützt werden.
- Schmuck wird abgelegt, da dieser die Energiesignale, die man aus dem Biofeld liest, aufnehmen kann.
- Das Fluten mit Energie kann entweder durch Kontakt (durch Berührung mit dem Finger, der Handfläche oder der Hand) oder durch Nicht-Kontakt (durch Blick oder Hand aus der Entfernung) erfolgen.
- Es kann der gesamte Organismus mit Energie gefüllt werden oder nur ein bestimmtes Organ oder Körperteil.
- Das Aufnehmen von disharmonischen Energien kann entweder berührend (Energie wird in den Finger oder die Hand gezogen und dann zur Transformation entlassen) oder berührungslos, aus der Ferne, erfolgen.
- Während der Sitzung ist es empfehlenswert, eine brennende weiße Kerze neben den Klienten zu stellen. Das Wachs der Kerze nimmt dessen Schwingung auf und reagiert. Schwimmt das Wachs, deutet das auf eine körperliche Störung hin. Wenn die

Kerzenflamme flackert und Geräusche abgibt, bedeutet dies, dass geistige, mentale Probleme vorliegen.

Hinweise:

Heiler, die körperlich krank sind und nach Alkohol, Drogen oder anderen schlechten Gewohnheiten süchtig sind, sollten sich nicht an Heilungsaktivitäten beteiligen, da sie sonst Informationen über ihre Krankheiten und Probleme in das Biofeld (Aura) des Klienten bringen könnten.

Mit jedem Klienten, der Heilung erfährt, heilt der Heiler sich mit. In diesem Fall gilt das starke und gerechte Gesetz der »**gegenseitigen Heilung**«.

Damit die Heilwirkung auch nach Beendigung der Sitzung anhält, überreicht man dem Klienten ein mit Energie aufgeladenes Glas Wasser. Daher ist es zu empfehlen, dass der Energetiker/Heiler immer eine vorbereitete Wasserflasche zur Verfügung hat, die bereits geladen ist. Legt man die rechte und dann die linke Hand auf die Wasserflasche, wird das Wasser energetisch geflutet, und dann fügt man eine geistige Einstellung hinzu, die ungefähr folgenden Inhalt haben kann: »Die universelle heilende Quelle hat aus diesem Wasser heilendes Wasser erschaffen.«

Versuchen Sie doch einmal, Lebensmittel für sich und Ihre Lieben aufzuladen. Denken Sie vor jeder Mahlzeit darüber nach, warum und zu welchem Zweck Sie essen (z. B. Verjüngung, gute Herzfunktion, starke Zähne usw.), dann wird das Essen eine heilende Wirkung auf Ihre Gesundheit haben. Wenn Sie Wasser oder Lebensmittel für eine andere Person aufladen, wirkt sich das nur auf diese Person selbst aus und wird nicht auf andere übertragen.

ENERGETISCHE HEILBEHANDLUNG

Jeder von uns hat seine individuelle Leitfähigkeit, was die Wahrnehmung feinstofflicher Energie betrifft, weshalb das gleiche Phänomen von zwei verschiedenen Menschen unterschiedlich erfasst wird. Die Methode zur Entschlüsselung von Signalen, die vom Körper von außen gelesen werden, wird durch Übung erlernt und getestet. Neben dem Hellsehen ist auch das Hellhören oder inneres Sehen eine Quelle für das Lesen von Informationen. Diese Fähigkeit ist entweder angeboren oder wird erworben.

Sie können lernen, dass Sie Ihren Blick so konzentrieren, dass Sie energetische Ausstrahlungen unterscheiden können, indem Sie Farben sehen. Dazu müssen Sie Ihr *drittes Auge* intensiv trainieren. Diese Tätigkeit macht nicht nur Spaß, sondern ist auch nützlich. Nehmen Sie ein Foto zur Hand. Versuchen Sie das gesamte Bild im Auge zu behalten und richten Sie Ihren Blick auf die Person, ohne den Fokus Ihrer Augen zu verändern, dann werden Sie die Energiehülle dieser Person wahrnehmen. Wenn wir unseren Blick auf eine andere Person richten, sehen wir, dass das klare Bild verschwindet, unscharf wird und durch eine Energiehülle, eine Aura, ersetzt wird. Es ist diese Vision, die in der Lage ist, das zu sehen, was mit normalen Augen nicht sichtbar ist.

Machen Sie dieses Experiment: Bitten Sie einen/eine Freund/Freundin, sich Ihnen gegenüberzusetzen und entspannen Sie sich. Schauen Sie intensiv auf das Gesicht Ihres Gegenübers, als ob Sie durch ihn oder sie hindurch in den Raum dahinter schauen würden, und beobachten Sie genau, was passiert. Die vertrauten Gesichtszüge beginnen langsam zu verblassen, wie von einem Schleier umhüllt, und bald erscheint eine völlig andere Person vor Ihren Augen. Manchmal wird das Bild seltsam oder sogar unerkennbar. In der

Regel offenbaren solche Visionen das wahre Wesen und die Eigenschaften eines Menschen. Wenn Sie lernen, das Biofeld richtig zu betrachten, wird sich allmählich Ihr inneres Sehen entwickeln, und Energieströme verschiedener Wellenlängen und dementsprechend verschiedene Farbschemata werden für Sie wahrnehmbar.

Jedes Mal, wenn wir die Augen schließen, ist unser Sehvermögen in der Lage, die Umrisse von Gegenständen und Personen, mit denen wir gerade in Kontakt waren, für einige Zeit auf unserem mentalen Bildschirm zu speichern. Wenn Sie diese Besonderheit kennen, können Sie Ihr inneres Sehen trainieren, indem Sie die Biofelder anderer Menschen mit geschlossenen Augen betrachten. Ist die Integrität des Bildes der anderen Person gestört, wird es an der Stelle der Verzerrung eine Störung geben. Dies ist auf dem mentalen Bildschirm deutlich sichtbar.

Zusätzlich zu den Informationen, die durch das innere Sehen gewonnen werden können, sagt uns auch das visuelle Bild der Person, das wir mit unseren *physischen Augen* wahrnehmen, sehr viel. Verhalten, Gesten, Aussehen, Kleidung, Hautzustand, Teint und andere äußere Zeichen geben nicht nur Aufschluss über den Gesundheitszustand bis hin zu bestimmten Krankheiten, sondern auch über Lebenseinstellung, materiellen Wohlstand, Stimmung und Haltung (vertrauensvoll oder nicht) gegenüber dem Energetiker während der Behandlung. Vieles erfährt man auch über die Stimme, die Intonation und die Worte des Gegenübers. Je nachdem, ob die Stimme schwach, schüchtern, ängstlich oder fest und selbstbewusst ist, erhält man einen entsprechenden Eindruck von der Person.

Neben visuellen und sensorischen Wahrnehmungen ist es auch möglich, Gerüche oder Geschmäcker wahrzunehmen, die von einer Person ausgehen. Neugeborene, Erwachsene und ältere Menschen werden von uns unterschiedlich wahrgenommen, sowohl in Bezug auf den Geschmack als auch auf den Geruch. Wenn Sie beginnen, über mehrere Tage hinweg auf Ihren Geschmackssinn in Bezug auf verschiedene Menschen zu achten, werden Sie feststellen, dass unser Sinn unterschiedlich auf die Menschen um uns herum reagiert und die Empfindungen somit unterschiedlich sind. Das Gleiche gilt für Gerüche, die von einer Person ausgehen. Manchmal geben sie uns auch einen Hinweis auf das Vorhandensein bestimmter Krankheiten. Der Geruch von faulen Eiern kann auf eine Gastritis oder Karies hindeuten, der von Azeton auf hohen Blutzucker. Der sechste Sinn, oft als Hellsichtigkeit oder Intuition bezeichnet, resultiert aus dem koordinierten und präzisen Zusammenspiel unserer fünf Sinne. Unabhängig von ihrer aktuellen Ausprägung, können wir unsere Sinne gezielt schulen und stärken, indem wir lernen, ihnen aufmerksam zuzuhören. Mit der Zeit wird die Hellsichtigkeit zu einem ständigen Begleiter und Berater. Der sechste Sinn, die Intuition, hilft uns dabei, unangenehme Situationen zu vermeiden und die Ereignisse und Chancen anzuziehen, die wir wirklich benötigen.

DIE KUNST DES BIOFELD-TRAININGS: ENTDECKEN SIE IHRE VERBORGENEN FÄHIGKEITEN

Zur Arbeit mit dem Biofeld gehört es zu lernen, wie man die Energie zwischen den Händen und die Aura einer Person spürt. Durch Übung und Sensibilisierung der Hände können Menschen ihre Fähigkeit entwickeln, energetische Anomalien und Krankheiten zu erkennen. Dabei ist es wichtig, energetischen Schutz auf das eigene Biofeld anzuwenden, um eine Übertragung von disharmonischen Frequenzen zu verhindern.

»In den Strömen der Energie, die uns verbinden,
liegt die Magie der Heilung und der Selbstentdeckung.«

Brigitte Seidl-Lichtenberg

LERNEN SIE, DIE ENERGIE ZU SPÜREN

Jeder von uns kann mit den Händen die Energieströme spüren, die von einem anderen Menschen ausgehen. Die Frage ist, wie gut diese Fähigkeit entwickelt ist und wie man sie in der Praxis anwendet. Da die bioenergetische Heilung auf diesem Prinzip beruht, ist es an der Zeit, zur direkten Arbeit mit dem Biofeld und zum Training der eigenen psychischen Fähigkeiten überzugehen.

Übung:

Zunächst geht es darum, die Sensibilität der Hände für Energiestrahlung zu erhöhen.
Halten Sie Ihre Hände in einem Abstand von ca. 5 cm mit den Handinnenflächen zueinander. Nun lassen Sie die Hände gegeneinander kreisen und konzentrieren Sie sich dabei auf die Mitte der Handinnenflächen. Atmen Sie dabei ruhig und entspannt ein und aus. Schon nach kurzer Zeit spüren Sie Wärme, Kribbeln oder eine andere Empfindung zwischen Ihren Handflächen. Wenn Sie jetzt die Hände etwas weiter voneinander entfernen und wieder zusammenführen, gibt es ein Gefühl wie eine leichte »gallertartige Masse« zwischen den Handflächen, das ist die Energie, die Sie fühlen. Schütteln Sie Ihre Hände mehrmals kräftig und halten Sie sie wieder mit etwas Abstand aneinander. Was fühlen Sie jetzt? Höchstwahrscheinlich ist das Gefühl der gallertartigen Masse und das Kribbeln noch intensiver geworden. So können Sie mit diesen einfachen Techniken die Sensibilität Ihrer Hände für Energie erhöhen und empfänglicher für alle Arten von Energiestrahlungen werden. Wir sind sicher, beim dritten oder vierten Mal spürt jeder etwas. Wenn es nicht sofort funktioniert: **Nicht verzagen und weiterüben!**

Übung:

Jetzt kommt der lustige Teil! Sie sind eingeladen, die Größe des Biofeldes (Aura) einer anderen Person zu bestimmen. Bitten Sie einen Freund oder ein Familienmitglied, sich Ihnen gegenüberzustellen. Schließen Sie die Augen, und stehen Sie eine Zeit lang ruhig und entspannt da. Schütteln Sie Ihre Hände, um ihre Sensibilität zu erhöhen, und bringen Sie dann Ihre Handflächen im Brustbereich nahe an den Körper der Person. Beginnen Sie, sie langsam zurückzuziehen, und achten Sie dabei auf die auftretenden Empfindungen. Sie werden unterschiedlich sein: Die Empfindungen von Wärme und Fülle werden in der Nähe der Körperoberfläche, in einem Abstand von 5 bis 6 cm, zunehmen, und je weiter man sich mit den Händen entfernt, desto weniger deutlich wird Ihre Wahrnehmung sein. Irgendwann stellt sich ein kühles Gefühl ein, was bedeutet, dass Sie das Biofeld (Aura) hinter sich gelassen haben. Bringen Sie Ihre Hände wieder näher und spüren Sie die Wärme und die Fülle zwischen Ihren Handflächen und diesem Körper.

Ermitteln Sie die Grenze, an der sich die stärkste, konzentrierteste Energieansammlung befindet. Dies ist die Kontur des Biofeldes (Aura), die sich jedoch ändern kann. Aus diesem Grund kann die Größe des Biofeldes nicht eindeutig bestimmt werden. In der Regel reicht sie 15 bis 20 cm über den physischen Körper hinaus, variiert aber oft, indem sie an einer Stelle zunimmt und an einer anderen abnimmt. Untersuchen Sie daher das Biofeld in seiner Gesamtheit, prüfen Sie seine Größe über dem Kopf, rechts, links, hinten, vorne, und vertrauen Sie auf Ihre Empfindungen.

Wenn unsere Hände in direkten Kontakt mit der Energie der anderen Person kommen, beginnen sie nicht nur die Fülle des Biofeldes, sondern auch mögliche Anomalien, die durch Störungen im physischen Körper verursacht werden, zu lesen. Dies äußert sich meist in einem Gefühl von übermäßiger Hitze, Kälte oder dem Fehlen jeglicher Empfindungen. In diesem Stadium ist es nicht notwendig, in unserem Kopf eine genaue Diagnose zu stellen. Es reicht aus, Veränderungen in den Empfindungen zu bemerken und daraus zu schließen, dass eine übermäßige Spannung oder ein Schmerz in diesem Bereich vorhanden sein könnte.

Je öfter Sie dies machen, desto empfindlicher reagieren die Hände auf die Energiestrahlung. Mit der Zeit wird sich diese Fähigkeit weiterentwickeln, sodass es möglich sein wird, durch die Untersuchung des Biofeldes tatsächlich Krankheiten zu erkennen. Das ist das Prinzip der berührungslosen Diagnostik, die **keine** übernatürlichen Fähigkeiten erfordert, sondern nur ständiges Training.

Die Arbeit mit dem Biofeld einer anderen Person muss unbedingt von der Installation eines energetischen Schutzes auf das eigene Biofeld begleitet werden, wie wir bereits erwähnt haben. Informationen über die Probleme und Krankheiten einer anderen Person können sich auf das Biofeld des Energetikers übertragen. Energetiker, die auf einen energetischen Schutz keinen Wert legen, können entsprechend ihrem Resonanzfeld disharmonische Frequenzen ihrer Klienten übernehmen.

DIE SCHWINGUNGSFREQUENZEN VON FARBE

Der menschliche Körper besteht aus vielen Energiefeldern. Diese umgeben den physischen Körper und seine verschiedenen Funktionen, gehen von ihm aus und können mit ihm interagieren. Zu diesen Energiefeldern gehören Licht (Farbe), Elektrizität, Wärme, Schall, Magnetismus und Elektromagnetismus. Die verschiedenen Frequenzen des Lichts oder der Farben wirken sich auf unterschiedliche Energien des Körpers aus. Einige Farben können leicht die höheren Frequenzen des Gehirns beeinflussen, weil sie eine höhere Lichtwellenfrequenz haben. Andere können auf die Systeme oder Energien des Körpers einwirken, die langsamer arbeiten, weil sie eine niedrigere Frequenz haben. Die Chromo-Therapie oder Farbheilung ist eine Methode, um mit den subtilen Energien des Körpers zu arbeiten.

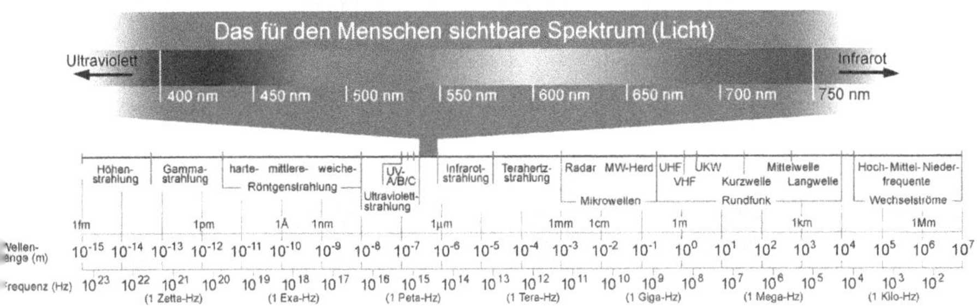

Die Aura ist ein äußerer Ausdruck dessen, was sich im Inneren der Seele, des Geistes und der Gefühle eines Menschen abspielt. Sie ist der unsichtbare Energiekörper. Jede Heiltechnik, die sich mit der Aura oder dem Energiefeld befasst, gibt dem Menschen einen zusätzlichen Energieschub. Dieser ermöglicht es dann, den inneren Heilungsmechanismus zu mobilisieren. Bei Zuständen, die rein körperlicher Natur sind, ist eine solche Energiespritze vielleicht alles, was nötig ist. Wenn aber die Ursache der Krankheit, wie in den meisten Fällen, innerer Natur ist und durch verschüttete oder ungelöste negative Gefühle verursacht wurde, ist es wichtig, es durch Geistige Heilung zu ergänzen. Wahre Heilung kommt zustande, wenn die Ursache des Leidens oder der Krankheit angegangen und transformiert wird. Wenn die Heilung lediglich die Symptome überdeckt, wird das, was die Notwendigkeit der Heilung überhaupt erst ausgelöst hat, wiederauftauchen und sich im Körper in anderer Form manifestieren. Das ist das Gesetz von Ursache und Wirkung.

FARBE ALS TEIL DES ENERGIEFELDS

Farbheilung kann auf vielfältige Weise eingesetzt werden. Bereits alte Kulturen bauten große Hallen für die Farbheilung, in denen Menschen ein Bad in einem Licht nahmen, das durch verschiedene farbige Glasscheiben oder Fenster gefiltert wurde. Im alten Ägypten wurden die Menschen oft in Wannen mit Farbpigmenten getaucht, um eine wirksame Heilung zu erzielen. Auch Energetiker ergänzen ihre Heilarbeit oft durch Farbheilung. Während sie dem Patienten die Hände auflegen, lenken sie geistig bestimmte Farbstrahlen in die Aura und dessen Körper. Die verwendete Farbe wird meist von Ihrer Intuition oder Ihrem Geist inspiriert.

Gesunde Menschen sind im Einklang mit ihrem Grund- oder Hauptton, was bedeutet, dass sie auf ihrer eigenen einzigartigen Frequenz schwingen. Die Aura zieht die notwendigen Energien oder Frequenzen an, um ihren physischen Körper im Gleichgewicht zu halten. Wenn Menschen gestresst, geschockt, verängstigt oder bedroht sind, wird ihre Aura beschädigt und ihre Chakras werden blockiert. Die Aura wird dünn und weist dunkle Flecken oder Läsionen auf, wodurch sich die Person unwohl fühlt oder krank wird.

1988 führte die damalige UCLA-Professorin Dr. Valerie Hunt (2014 verstorben) eine Studie über die menschliche Aura durch. Sie fand heraus, dass die Farben der Aura in Hertz gemessen werden können. (Hz = Hertz oder Zyklen/Sekunde). Die Ergebnisse dieser Forschung sind wie folgt:

1. Blau 250–275 Hz, plus 1200 Hz
2. Grün 250–475 Hz
3. Gelb 500–700 Hz
4. Orange 950–1050 Hz
5. Violett 1000–2000, plus 300–400 Hz; 600–800 Hz
6. Weiß 1100–2000 Hz

Farbe ist ein wichtiger Teil unseres menschlichen Energiefeldes. Es ist mittlerweile bekannt, dass der menschliche Körper eine Frequenz zwischen 62 und 68 MHz hat. Und nicht nur das: Jede Krankheit wird durch eine bestimmte Frequenz gekennzeichnet, z. B. treten bei 42 MHz Symptome von Krebs und bei 58 MHz Symptome von Erkältungen auf.

ENERGETISCH HEILEN – SCHRITT FÜR SCHRITT

Schritt 1:
Sie verbinden sich durch Absicht und Wille mit unserer Erde, indem Sie sich vorstellen, dass Wurzeln aus Ihren Fußsohlen wachsen. Sie werden mit der Zeit ein sanftes Kribbeln in den Fußsohlen wahrnehmen oder auch die Erdfrequenz oder den Puls der Erde fühlen, der mit der Frequenz unseres Gehirns in einem entspannten Zustand kohärent ist. Atmen Sie immer ruhig und entspannt.

Schritt 2:
Sie stellen sich vor, dass über Ihr Kronen-Chakra hellviolettes Licht in Ihren Körper hineinfließt *(die Farbfrequenz von Violett liegt laut Messungen von Dr. Hunt zwischen 1000 und 2000 Hertz),* Ihren gesamten Körper durchflutet, ihn dabei reinigt und dann aus Ihren Poren in Ihr Biofeld (Aura) fließt. Atmen Sie ruhig und entspannt.

Schritt 3:
Sie sehen, fühlen oder wissen, dass die äußere Schicht Ihres Biofeldes jetzt aus einer starken Schutzhülle besteht. Atmen Sie ruhig und entspannt.

Merken Sie sich:
»Energie folgt immer der Aufmerksamkeit.«

Schritt 4:
Lassen Sie wieder aus Ihren Füßen und dem Steißbein Wurzeln in die Erde wachsen. Achten Sie während der Sitzung darauf, dass Sie weiterhin geerdet bleiben. Die Erdung ist ein wichtiger Bestandteil der gesamten Technik.

Schritt 5:
Stellen Sie sich Ihren Partner auf einer Bühne vor und fragen Sie von Geist zu Geist, ob Sie ihm eine energetische Behandlung geben dürfen. Falls Sie ein »**Nein**« bekommen sollten, ist das sehr klar und deutlich, und Sie werden es nicht überhören. Alles andere ist ein »**Ja**«.

Schritt 6:
Bitten Sie Helferwesen aus der geistigen Welt, denen Sie zugetan sind, wie Engel, Erzengel, die Quelle/Gott um Führung und Unterstützung bei dieser Heilung und fügen Sie immer hinzu: »***Möge diese Heilung zum Wohle aller geschehen.***«

Schritt 7:
Bitten Sie darum, Kanal sein zu dürfen für die universelle Quell- oder Gottesenergie.

Seien Sie sich im Klaren, dass nicht *Sie* heilen, sondern dass Sie nur ein Werkzeug sind. Bitte bauen Sie keinerlei eigene Wünsche oder EGO-Ziele für einen Heilerfolg auf.

Schritt 8:
Tasten Sie den Körper im Biofeld/Aura, ca. 5 cm vom materiellen Körper entfernt, vom Kopf bis zu den Füßen ab. Dort wo Sie beispielsweise ein Kribbeln, Hitze oder Kälte in Ihren Händen fühlen, geben Sie genau die Energie aus Ihren Händen, die direkt von der Quelle/Gott durch Sie hindurchfließt, bis sich das vorgenannte Gefühl harmonisch verändert.

Sollte das Fühlen noch nicht so ausgereift sein, dann ist es hilfreich, die Augen zu schließen. Vertrauen Sie beim Scannen der Wahrnehmung Ihren geschlossenen Augen, hören Sie auf Ihre Innere Stimme oder wissen Sie einfach, wohin Ihre Hand geführt werden soll. Vertrauen Sie Ihrer Eingebung aus der geistigen Welt.

Wichtig: Bei der Energieübertragung können Sie, mit Einverständnis Ihres Klienten, ganz sanft Ihre Hände auf dessen Körper legen. Im Bereich der erogenen Zonen lassen Sie die Energieübertragung circa 5 bis 10 cm *über* der Körperstelle einfließen.

Schritt 9:
Wenn Sie keine disharmonischen Stellen mehr wahrnehmen, begeben Sie sich an den Kopf Ihres Partners. Legen Sie sanft Ihre Hände an die Seite des Kopfes und visualisieren, wie das Licht aus Ihren Händen vom Kopf bis zu den Füßen und dann aus den Poren der Haut in das Biofeld (Aura) fließt und diese hell zu leuchten beginnt.

Konzentrieren Sie sich einen Augenblick und visualisieren Sie einen hellvioletten Schein um das Biofeld herum. Dieses hellviolette

Licht schützt Ihren Partner vor disharmonischen Energien seines Umfeldes.

Schritt 10:
Zum Abschluss »erden« Sie Ihren Partner. Da er oder sie durch Ihre Energieübertragung sehr entspannt sein sollte, kann er oder sie das Gefühl haben zu schweben. Aus diesem Grund stellt die Erdung eine Abrundung der Behandlung dar.

Stellen Sie sich einfach vor, wie aus dessen Fußsohlen Wurzeln wachsen, die sich mit der Erde verbinden.

Geben Sie ihm oder ihr noch etwas Zeit zurückzukommen. Signalisieren Sie, dass Sie kurz den Raum verlassen, um ihm ein weiteres Glas Wasser zu holen. In dieser Zeit waschen Sie sich die Hände und stellen sich dabei vor, dass alles, was Sie eventuell aufgenommen haben, dem Wasser zur Transformation übergeben wird. Im Anschluss geben Sie ihm oder ihr ein Glas Wasser und fragen, was wahrgenommen wurde. Bitte vermeiden Sie in Ihrer Beschreibung negative Begriffe, die beunruhigen könnten. Das ist sehr wichtig!

DAS BIOFELD KORRIGIEREN: KRANKHEITEN VORBEUGEN UND BEHANDELN

Eine allgemeine Heilsitzung ist ein Prozess des Flutens mit Energie, des Aufnehmens von Disharmonien und Verteilens von Energie nacheinander an jedes Organ oder jeden Teil des Körpers. Nach der Arbeit an den einzelnen Organen wird eine Wiederherstellung des Ausgangszustandes durchgeführt, um die negative Energie vollständig zu unterbrechen und ihre Rückkehr zu verhindern. Dadurch wird der Körper von energetischen Verunreinigungen befreit und die Energie wird gleichmäßig im Biofeld verteilt.

OHRENERKRANKUNG

Gehen Sie vor wie bei der Grundheilungsanleitung beschrieben (s. S. 117f.). Führen Sie die **Schritte 1 bis 8** durch.

Legen Sie dann die Mittelfinger Ihrer Hände auf beide Ohren und fluten Sie den Bereich mit Energie vom rechten zum linken Ohr. Sie werden eine Wärme und Fülle in diesem Bereich wahrnehmen. Drücken Sie anschließend mit den Fingern leicht in jedes Ohr. Nun ziehen Sie die negative oder disharmonische Energie mit Ihren Fingern, am besten mit linkskreisenden Bewegungen, aus den Ohren heraus und übergeben diese disharmonischen Energien direkt in eine imaginäre violette Wolke. Wenn Sie es richtig gemacht haben, werden Sie einen kleinen Muskelreflex fühlen oder sehen. Dieses

Aufnehmen mit Ihren Fingern fängt die disharmonische Energie ein.

An den Fingern bleibt negative Energie zurück, die ins violette Feuer oder in die Wolke geworfen werden sollte. Wiederholen Sie das Energiefluten dreimal und ziehen Sie erneut die negative Energie heraus und geben diese wieder in die violette Wolke oder das Feuer.

Fluten Sie die Ohren erneut durch rechtskreisende Bewegungen mit Energie. Gehen Sie dann über zur Augenpartie und arbeiten Sie sich zum hinteren Rand des Ohrs vor.

Stellen Sie sich erneut vor, dass Sie die negative, disharmonische Energie mit Ihren Fingern einfangen und sie aus den Ohrlöchern linksdrehend herausziehen. Nach dem Aufnehmen muss wieder ein Fluten mit Energie vorgenommen werden und anschließend wird Energie über den ganzen Kopf sanft verteilt.

Wiederholen Sie jetzt **Schritt 9 und 10** der Grundheilungsanleitung und geben Ihrem Klienten Zeit zurückzukommen. Wie beschrieben, waschen Sie sich die Hände und stellen sich dabei vor, dass alles, was Sie eventuell aufgenommen haben, dem Wasser zur Transformation übergeben wird. Im Anschluss geben Sie ihm/ihr ein Glas Wasser und fragen ihn, ob er/sie etwas wahrgenommen hat. Bitte vermeiden Sie in Ihrer Beschreibung negative Begriffe, die Ihren Klienten beunruhigen könnten. Das ist sehr wichtig!

UNTERLEIBSERKRANKUNGEN

Gehen Sie vor wie bei der Grundheilungsanleitung beschrieben (s. S.116f.). Führen Sie die **Schritte 1 bis 8** durch.

Konzentrieren Sie sich auf den Bereich rund um den Nabel. Legen Sie kurz Ihre Hand darauf und fühlen, sehen, wissen oder hören Sie mit Ihren Wahrnehmungskanälen die Dissonanz und erkennen Sie die

Stärke des Schmerzpunktes. Fluten Sie im Biofeld (also ca. 5 cm in der 1. Auraschicht) das 2. und 3. Zentrum (Chakra) mit weißer Energie.

Dann verteilen Sie diese mit kurzen, kreisförmigen Handbewegungen. Berühren Sie kurz den Bauch knapp unterhalb des Nabels und mit linkskreisenden Bewegungen gegen den Uhrzeigersinn. Wieder im Biofeld (ca. 5 cm oberhalb des Körpers), nehmen Sie die disharmonische Energie sanft mit Ihren Handflächen über diesen Bereich auf.

Geben Sie dann alle aufgenommenen disharmonischen Energien in die imaginäre violette Wolke oder das violette Feuer.

Wiederholen Sie jetzt **Schritt 9 und 10** der Grundheilungsanleitung und geben Sie Ihrem Klienten Zeit zurückzukommen. Wie beschrieben, waschen Sie sich die Hände und stellen sich dabei vor, dass alles, was Sie eventuell aufgenommen haben, dem Wasser zur Transformation übergeben wird. Im Anschluss geben Sie ihm/ihr ein Glas Wasser und fragen ihn, ob er/sie etwas wahrgenommen hat. Bitte vermeiden Sie in Ihrer Beschreibung negative Begriffe, die Ihren Klienten beunruhigen könnten. Das ist sehr wichtig!

ZAHNSCHMERZEN

Gehen Sie vor wie bei der Grundheilungsanleitung beschrieben (s. S. 117f.). Führen Sie die **Schritte 1 bis 8** durch.

Legen Sie kurz Ihren Finger auf die Stelle (außen), wo sich der schmerzende Zahn befindet. Fluten Sie über Ihren Finger diese Stelle mit Energie. Konzentrieren Sie sich, sodass Sie den Schmerz durch scharfes Zurückziehen des Fingers herausziehen und in die violette Flamme oder Wolke geben. Wiederholen Sie den Vorgang, bis Erleichterung eintritt. Das kann einige Zeit in Anspruch nehmen. Zur Behandlung von Entzündungszuständen verwenden Sie beim Fluten eisblaue Energie.

Wiederholen Sie jetzt **Schritt 9 und 10** der Grundheilungsanleitung und geben Sie Ihrem Klienten Zeit zurückzukommen. Wie beschrieben, waschen Sie sich die Hände und stellen sich dabei vor, dass alles, was Sie eventuell aufgenommen haben, dem Wasser zur Transformation übergeben wird. Im Anschluss geben Sie ihm/ihr ein Glas Wasser und fragen ihn, ob er/sie etwas wahrgenommen hat. Bitte vermeiden Sie in Ihrer Beschreibung negative Begriffe, die Ihren Klienten beunruhigen könnten. Das ist sehr wichtig!

Nun haben Sie eine kleine Auswahl an Heiltechniken der Energieübertragung kennengelernt und einen Einblick in die grenzenlose Arbeit eines Energetikers erfahren. Selbstverständlich gibt es für die verschiedenen Erkrankungen eine Vielzahl von Techniken der Energiearbeit. Dies würde den Rahmen dieses Buches sprengen. Jetzt können Sie allerdings die Prinzipien, auf denen die Arbeit des Energetikers oder Heilers beruht, verstehen.

ENERGETISCHE EINFLUSSBEREICHE AUF DEN MENSCHEN

»Unsere Gedanken und die Energie, die sie erzeugen, sind mächtige Kräfte, die das energetische Gleichgewicht in unseren Wohnräumen beeinflussen. Lernen Sie, bewusst positive Energie zu erschaffen, um sich selbst und Ihre Umgebung zu heilen.«

Brigitte Seidl-Lichtenberg

UNSICHTBARE GEFÄHRDUNG IN DER WOHNUNG ODER IM HAUS

Wir wissen, dass die Biofeldkorrektur allein zur Vorbeugung und Behandlung von Krankheiten nicht immer ausreicht. Auch die Energie- und Informationssicherheit der Räumlichkeiten, in denen wir leben, spielt eine bedeutende Rolle. Jeden Tag empfängt der menschliche Organismus alle möglichen Arten von Emissionen, die das Biofeld/die Aura angreifen, und diese Strahlungen haben einen negativen Einfluss auf die menschliche Gesundheit. Im Folgenden werden die drei Hauptarten von Strahlung beschrieben.

Technogene Strahlung ist Strahlung, die von Verstärkern, Fernsehgeräten, Haushaltsgeräten, Computern und Mobiltelefonen ausgeht. Die technogene Strahlung lässt sich nur schwer vollständig neutralisieren (allein die Strahlung von Repeatern breitet sich im Umkreis von 100 Metern aus, ganz zu schweigen von den Haushaltsgeräten, mit denen wir ständig in Kontakt sind), sodass sie ständig auf uns einwirken und, was am schlimmsten ist, unser Biofeld stören.

Geopathogene Strahlung ist die Strahlung der Erde, des Kosmos, der Planeten (der Mond hat den größten Einfluss auf uns) und andere natürliche Strahlungen. Geopathogene Strahlungen verändern spürbar die Rhythmen unseres Körpers und beeinflussen unseren Gesundheitszustand.

Die dritte Art von Strahlung ist die ***biologische Strahlung***. Sie wird von uns selbst geschaffen. Es ist die Grundenergie des menschlichen physischen Körpers und unserer Gedanken, die wir bewusst erzeugen und daher ausstrahlen. Seltsamerweise ist diese Art von Strahlung die gefährlichste und stärkste.

Da die zerstörerischen Auswirkungen der Strahlung auf den Menschen von Jahr zu Jahr zunehmen, kann man mit dem Rutengehen »Geopathologen«, die Besonderheiten der geopathogenen und technogenen Strahlung, untersuchen. Dieses Problem betrifft vor allem Wohnkomplexe, da der ständige Aufenthalt in Zonen, die durch diese Strahlungen entstehen, zur Entwicklung von Krankheiten beitragen und zu einer erheblichen Verschlechterung des Wohlbefindens führen können. Aus diesem Grund befassen sich Fachleute nicht so sehr mit der Natur der geopathogenen Strahlung, sondern mit den Möglichkeiten, ihre zerstörerischen Auswirkungen zu beseitigen. Dementsprechend werden eine Reihe Untersuchungen über die Energiestruktur der Wohnung, des Hauses und des Gartens durchgeführt. Nach Abschluss aller Untersuchungen können Maßnahmen zur Entstörung der geopathogenen Strahlung vorgeschlagen werden.

Derzeit ist der Bedarf an kompetenten und professionellen Fachkräften sehr hoch, sodass die Frage der Energiesicherheit weiterhin sehr aktuell ist. Zwar gibt es inzwischen Dienste, die die Strahlenbelastung in Wohnräumen untersuchen, doch ist das Problem damit nicht gelöst. Ihre Tätigkeit ist nur auf die Definition negativer Strahlungen gerichtet, nicht aber auf die Beseitigung ihres Einflusses. Und da eine der Hauptaufgaben des Geopathologen und des Energetikers im Allgemeinen darin besteht, die Menschen vor negativen Energieeinflüssen zu schützen, ist es wichtig zu lernen, wie man sein Zuhause von negativer Energie reinigt.

In erster Linie ist der Mensch von der ***vom Menschen verursachten Strahlung*** (Mikrowellen, Elektrosmog) betroffen. Es ist äußerst schwierig, vom Menschen geschaffene Zonen vollständig zu neutralisieren; es ist nur möglich, ihre zerstörerische Wirkung teilweise zu verringern, indem man sich von den Sendern elektromagnetischer Wellen isoliert.

Anomale Zonen natürlichen Ursprungs bilden sich auch durch die Bewegung von Flüssen, Ozeanen, Gezeiten (Wirkung des Mondes), Hohlräumen in der Erde usw. Diese geopathogenen Zonen wirken sich auch spürbar auf unsere Gesundheit aus und führen zu Störungen des Körperrhythmus, zur Verschlimmerung bestimmter Krankheiten, zu psychischen Störungen, zur Minderung der allgemeinen Stimmung, der Vitalität und anderen unerwünschten Veränderungen.

Neben den vom Menschen geschaffenen geopathogenen Zonen können in der Wohnung auch andere Energieanomalien auftreten, die ständig bereinigt werden sollten. Zum Beispiel die Schichtung der in der Wohnung vorherrschenden Informationen, d. h. Anomalien, die durch die biologische Strahlung des Menschen verursacht werden. Diese Strahlung ist die gefährlichste, weil die Energie immer durch unsere Gedankenformen verstärkt wird, die aufgrund der Informationen, die sie transportieren, manchmal unheilvoll werden (z. B. bei Aggression, Gereiztheit, Wutanfällen usw.). Wenn Partner ständig streiten und diese negative Energie freisetzen, wird diese nicht verschwinden, sondern in der Wohnung bleiben und lange Zeit Einfluss auf die Bewohner ausüben. Es entsteht eine Barriere, die eine Versöhnung und den Aufbau einer guten Beziehung verhindert.

Betten, Stühle und Sessel absorbieren ebenfalls die Energie der Person, die auf ihnen liegt oder sitzt. Wenn es sich um eine körperlich kranke Person handelt, verbleiben die Informationen über ihre Krankheiten auf dem von ihr benutzten Gegenstand und wirken sich auf die andere Person aus. Die Energie eines Gesprächs oder eines Problems bleibt in der Wohnung hängen und beeinflusst die Besitzer ständig mit ihrer zerstörerischen Frequenz. Stellen Sie sich vor, die Wohnung wäre zwei oder drei Wochen lang nicht geputzt worden: Wie würde sie aussehen? Der Staub würde eine Schicht auf den Möbeln, dem Boden und den Teppichen bilden, und in den Ecken würden Spinnweben auftauchen. Wir können uns fragen, wie unser Haus energetisch aussehen wird, wenn wir es ein oder zwei oder zehn Jahre lang nicht reinigen.

Wir sind daran gewöhnt, in einer solchen Atmosphäre zu leben und verstehen nicht, warum plötzlich, grundlos schlechte Laune aufkommt, Kopfschmerzen einsetzen, beziehungsweise schwere oder düstere Gedanken immer öfter auftauchen.

Das ist die Auswirkung von vielen Jahren eines riesigen Energie- und Informationsflusses, der nichts anderes enthält als das, was er ist. Sie ist ein wahrer »Speicher« für negative Gedanken, Aggressionen und Probleme. Der Heilungseffekt, den ein Energetiker/Heiler aufbereitet, wird drastisch reduziert, wenn der Patient nach Hause geht und sich wieder in einem Raum von negativen Energien aufhält.

RUTENGEHEN UND PENDELN: WIE MAN NEGATIVE SCHWINGUNGEN ENTDECKT

Die Identifizierung negativer Schwingungsfrequenzen kann durch Rutengehen oder Pendeln erfolgen. Menschen verfügen über ein Organ, das Strahlungen und Schwingungen empfangen kann. Pendel aus Metall wie Aluminium, Kupfer, Messing oder Bronze sind am effektivsten.

»In der Stille unserer Intuition liegt die Weisheit, das Unbekannte zu erkennen und die Schwingungen der Welt um uns herum zu verstehen.«

Sebastian Lichtenberg

Anomale Zonen, die durch vom Menschen verursachte, geopathogene sowie technogene und biologische Strahlung entstehen, können unabhängig voneinander identifiziert werden. Dazu eignet sich die Methode des Rutengehens oder die Arbeit mit einem Pendel, mit dessen Hilfe man nicht nur die Wohnung, sondern auch Lebensmittel, Kleidung, Pflanzen, Tiere und vieles mehr auf ihre ökologische Unbedenklichkeit überprüfen kann.

Der Mensch ist von Natur aus mit fünf Sinnen ausgestattet: Hören, Sehen, Schmecken, Riechen und Tasten, die ihm zur Wahrnehmung der Welt gegeben sind. Darüber hinaus verfügt er auch über einen Sinn, der Strahlungen oder Schwingungen von Objekten aus der Umgebung empfangen kann. Auf der physischen Ebene stellen sich diese Sinne als ein komplex verzweigtes System dar, das aus dem Gehirn, den endokrinen Drüsen, dem Nerven- und dem Muskelsystem besteht. Mit seiner Hilfe empfangen wir Frequenzen, identifizieren sie und wandeln sie in den sogenannten ideomotorischen Akt um, der das Pendel zum Schwingen bringt.

Die Methode zur Identifizierung der Strahlungen wird als »radioästhetischer Effekt« bezeichnet. Die meiste Arbeit mit dem Pendel findet auf der Energie-Informationsebene statt. Wir verbinden uns mit den in unserem Unterbewusstsein gespeicherten Informationen, um mögliche Schäden an feinstofflichen Körpern (bei der Untersuchung von Biofeldern) oder für unsere Gesundheit ungünstige Bereiche (geopathogene, technogene usw.) auszumachen. Dies ist völlig sicher und für alle zugänglich.

Um die beste Wirkung zu erzielen, sollten Pendel aus Aluminium, Kupfer, Messing oder Bronze verwendet werden. Kegelförmige Pendel sind am besten geeignet, und es ist ratsam, Woll- und Synthetikfäden zu vermeiden, an denen dieses Pendel befestigt wird.

Anomale Zonen werden wie folgt identifiziert: Nehmen Sie mit Daumen und Zeigefinger ein Pendel (die Länge des Pendels sollte ungefähr der Abstand zwischen dem fünften und sechsten Energiezentrum/Chakra sein), und halten Sie es über den Bereich, den Sie untersuchen möchten. Wenn es keine disharmonischen Felder gibt, bleibt das Pendel meist stehen. Eine weitere Möglichkeit besteht darin, dass sich das Pendel dreht. Dreht es sich gegen den Uhrzeigersinn, bedeutet das, dass die Strahlung negativ ist, im Uhrzeigersinn bedeutet das, dass sie positiv ist. In der positiven Drehbewegung können Sie das Objekt annehmen oder sich auf dem Platz eine Weile ausruhen, in der negativen Drehbewegung sollten Sie das Objekt ablehnen oder an dem Ort nicht lange bleiben.

Das Pendel ist auch eine einfache Möglichkeit, schlechte Produkte zu erkennen. Halten Sie das Pendel zwischen Daumen und Zeigefinger und achten Sie darauf, dass es sich gleichmäßig im Uhrzeigersinn dreht. Beachten Sie die Amplitude der Schwingung. Führen Sie dann die Hand mit dem Pendel näher an die Ware heran und halten Sie das Pendel darüber, wobei Sie die Art der Bewegung beobachten.

Das Pendel kann sich mit größerer oder kleinerer Amplitude weiter im Uhrzeigersinn drehen, mit größerer Amplitude in Längsrichtung schwingen oder beginnen, sich gegen den Uhrzeigersinn zu drehen. Wenn die Amplitude der Pendelschwingung zunimmt, ist das Produkt zum Verzehr geeignet; wenn sie abnimmt, verringert der Verzehr dieses Produkts die Energie des Körpers und ist unerwünscht. Bleibt das Pendel stehen oder beginnt es sich in die andere Richtung zu drehen, bedeutet dies, dass das Produkt nicht zum Verzehr geeignet ist.

Tipp für den Einkauf:
Wie Sie sicher ahnen, ist es in unserer Gesellschaft nicht normal, mit einem Pendel einkaufen zu gehen. Daher gibt es eine unauffällige und sehr einfache Methode auszutesten, was uns guttut. Unser Körper besteht über 80 % aus Wasser. Wir wissen, dass Wasser die größte Leitfähigkeit an Informationen besitzt. Daher können wir unseren Körper einsetzen, um zu testen, welche Produkte jeglicher Art zu uns passen und für uns bekömmlich sind. Stellen Sie sich vor das Objekt und geben Sie Ihrem Körper die Anweisung, auf das Wunschobjekt zu reagieren. Achten Sie nun auf Ihre Körperbewegung. Zieht es Ihren Körper nach vorne, so ist das Objekt für Sie geeignet. Wird Ihr Körper nach hinten gezogen, lassen Sie am besten die Finger davon. So einfach ist das. Wir wissen aus der Kinesiologie, dass der Körper niemals lügt.

REINIGUNG UNERWÜNSCHTER DISHARMONISCHER ENERGIEN

Sehen wir uns nun an, wie Sie Ihre Wohnung effektiv von negativer Energie reinigen können. Es ist ratsam, die Wohnung einmal in der Woche zu reinigen, obwohl es schön wäre, wenn solche »Reinigungen« jeden Tag durchgeführt würden, vor allem bei Stadtwohnungen. Hierfür gibt es verschiedene Möglichkeiten und Methoden. Achten Sie darauf, dass Sie vor Beginn der Reinigung Ihre persönliche Schutzhülle aufbauen, um keine negativen Energieeinflüsse anzuziehen. Die wirksamste Methode ist die Reinigung durch die Energien der vier Elemente. Wir nutzen die vier Elemente, um unnötige Negativität auszulöschen und allen energetischen und informativen Schmutz in der Wohnung zu beseitigen. Diese Rituale haben schon unsere Ahnen genutzt und sie sind zeitlos modern.

Die wirksamsten Energiequellen analog der vier Elemente:

- Element des **Wassers**: Weihwasser oder gute Aromaessenzen/Öle
- Element des **Feuers**: Kerze
- Element der **Luft**: Weihrauch, verschiedene Räucherungen, etwa mit kalifornischem Salbei
- Element der **Erde**: heiliges Salz

Das Feuer einer Kerze etwa verbrennt die gesamte negative Energie im Haus. Gehen Sie dazu im Uhrzeigersinn durch die Wohnung, betreten Sie jeden Raum mit einer brennenden Kerze und bleiben Sie in allen Ecken, an Vorsprüngen und anderen scharfen Stellen stehen. Hier wird die stärkste Anhäufung von negativer Energie beobachtet. Wenn die Kerze knackt, wenn man durch den Raum geht, ist viel energetischer Schmutz in der Wohnung, wenn die Flamme ruhig brennt, ist die Wohnung energetisch sauber. Angezündeter Weihrauch tötet auch Energie-»Keime«. Der Rauch dringt in alle Räume und Ecken, neutralisiert negative Informationen und schafft eine ruhige, angenehme Atmosphäre. Darüber hinaus ist es sinnvoll, die Orte, die am häufigsten von Hausbewohnern und Gästen aufgesucht werden, mit Weihwasser zu besprengen.

Tipp:
Weihwasser können Sie auch selbst herstellen, indem Sie einen Wasserbehälter in Ihre Hände nehmen und sich mit der Quelle/ Gott verbinden und fühlen, wie der göttliche Segen das Wasser informiert. Achten Sie darauf, dass Sie selbst in einer harmonischen Gefühlsempfindung/Schwingung dabei sind.

Wir erinnern uns an die Gebräuche unserer Ahnen. Kerzen (Element Feuer), Weihrauch (informierte positiv programmierte Strukturen – Element Luft) und Weihwasser (Wasser als größter Informationsträger, als »Weihwasser« mit der stärksten universellen Energie der Quelle/Gott programmiert) beinhalten die stärksten Frequenzen, um disharmonische, negative Energien zu transformieren. Das Salz (Element Erde) ist positiv aufgeladen, um alle negativen Einflüsse zu zerstören, und wird in die Ecken gestreut.

Weitere Möglichkeiten der Reinigung und Harmonisierung
Pyramide: Geopathogene Zonen natürlicher Art können durch eine Pyramide neutralisiert werden. Selbst eine kleine Anlage in klassischer Form kann den Raum einer ganzen Wohnung kontrollieren. Je größer die Proportionen der Pyramide sind, desto größer ist ihre Wirkung.

Ikone/Statue: Sie können, je nach Glaubensrichtung auch eine Ikone, eine entsprechende kleine oder große Statue an die Haus- oder Wohnungstür stellen, die für eine bestimmte Aktion aufgeladen wird, z. B. als Schutz vor negativen Individuen.

Glaubenssymbol: Sie müssen kein Geistlicher sein, um ein Kreuz, eine islamische Sure oder eine Friedensfahne zu segnen, die in der Wohnung genau an der Stelle platziert wird, auf die der Blick der ankommenden Menschen normalerweise fällt. Wenn ein Mensch mit schlechten Gedanken kommt, wird sein erster, einflussreichster Blick neutralisiert, und der zweite hat keine große Macht mehr und wird Ihnen keinen Schaden zufügen.

Energiekugel: Sie können mit Ihrer eigenen Energie zusätzlichen Schutz schaffen. Stellen Sie sich vor, dass sich über Ihrem Kopf eine Kugel bildet, in die Sie bestimmte Programme eingeben (z. B. um gefährliche, betrügerische Menschen, Schwätzer und Schwätzerinnen abzuwehren und nur anständige Menschen anzuziehen usw.). Die entstandene Kugel löst sich vom Kopf und beginnt, selbstständig zu arbeiten. Es ist auch praktisch, diese über der Eingangstür aufzuhängen, energetisch aufzuladen und jeden Tag eine neue Einstellung hinzuzufügen. Dann wird jeder, der die Wohnung betritt, nicht nur durch das Passieren der Schwelle gereinigt, sondern lässt auch alle schlechten Absichten und Gefühle hinter der Tür zurück.

Segnung: Zusätzlich können Sie alle Tür- und Fensteröffnungen in Ihrem Geist durchqueren, während Sie für die Segnung der Dinge und der Wohnung beten, und Sie werden sich weiter vor negativen Kräften schützen. Bedanken Sie sich für den Schutz und die Segnung, als hätten Sie diese bereits erhalten.

Zwiebel: Probieren Sie eine andere einfache, aber wirksame Methode aus, um eine Wohnung von negativer Energie zu befreien. Nehmen Sie mehrere Zwiebeln, schälen Sie sie und schneiden Sie die Zwiebeln in zwei Hälften. Dann legen Sie in die Mitte jedes Zimmers, einschließlich Bad, Toilette und Abstellraum, eine Hälfte (mit der Schnittfläche nach oben) und lassen sie diese über Nacht stehen. In zwölf Stunden wird jede der Hälften wie eine Antenne alle negative Energie an sich ziehen und den Raum, in dem sie sich befand, entsprechend reinigen. Sammeln Sie die Zwiebeln am Morgen, ohne sie mit den Händen zu berühren, mit Nadeln oder spitzen Streichhölzern in einer Tüte und werfen Sie sie in den Müllschlucker. Ihre Wohnung ist jetzt energetisch sauber. Ich lernte die Zwiebelmethode von meiner Großmutter, die dieses Zwiebelritual mit großem Erfolg durchgeführt hat, wenn ich krank war.

Feng Shui: Feng Shui, das auf der Technik der Gestaltung eines speziellen Rauminneren beruht. Möbel geben eine bestimmte Strahlung ab, und wenn ein Mensch das Pech hat, in den Bereich von disharmonisch geladenen Möbeln zu geraten, entsteht ein Gefühl des Unbehagens bis hin zur Verschlechterung des Wohlbefindens.

Achten Sie von nun an auf die energetische Sauberkeit Ihrer Wohnung. Führen Sie die geplante Reinigung mindestens einmal pro Woche durch und vergessen Sie nicht, Ihre Wohnung vor äußeren energetischen und informellen Reizen zu schützen. Je sauberer Ihre Wohnung ist, desto angenehmer und freundlicher wird die innere Atmosphäre sein, und Ihre Beziehungen und die Gesundheit Ihrer Kinder und Angehörigen werden harmonischer sein. Sie werden sich ausruhen und erholen können, und die Arbeit zu Hause wird angenehmer und interessanter sein als sonst. Der Wohnkomfort ist also eine heikle und sehr wichtige Angelegenheit.

DIE KRAFT DER ENERGIE UND DAS SCHICKSAL: WIE WIR UNSER EIGENES LEBEN GESTALTEN KÖNNEN

Der Einfluss von Ursache und Wirkung auf das Schicksal sowie die Energie, die sowohl von Vorfahren als auch von uns selbst ausgeht, beeinflusst unser Leben. Ursache und Wirkung und Energieprogramme können entweder schützend oder destruktiv wirken, und es liegt in der Verantwortung der Individuen, ihren eigenen Weg zu wählen und sich geistig und körperlich weiterzuentwickeln.

»Leben heißt Entwicklung durch Erfahrungen, durch Lernen, durch Freude am Sein, durch das Erkennen, dass wir mehr sind als gut erzogene Arbeitsuntertanen.«

Brigitte Seidl-Lichtenberg

Ursache und Wirkung: ein unsichtbarer Einfluss auf unser Leben

Seit jeher folgt das Leben auf der Erde seinen eigenen Regeln: Zeiten der rasanten Entwicklung werden von Zeiten der Dekadenz abgelöst. Kriege und Katastrophen fordern viele Menschenleben. Naturkatastrophen zerstören die friedliche Existenz von Tausenden. Inmitten der Umwälzungen der Welt haben Menschen gelebt, geliebt und sich getrennt. Und obwohl sie selbst längst in Vergessenheit geraten und in der Weltgeschichte unbemerkt geblieben sind, beeinflussen ihr Leben, ihre Gedanken, Wünsche und Handlungen uns weiterhin auf unsichtbare Weise. Sie steuern energetisch manchmal unser Verhalten, unseren Charakter und unser Schicksal.

Dieses Phänomen wird durch ein bekanntes physikalisches Gesetz erklärt, das besagt, dass Energie nicht verschwindet, sondern sich nur umwandelt, aber ihr Wesen nicht verändert. Diese Aussage gilt auch in unserem Fall, denn alles, was auf der Erde geschieht, hat seine eigene Energie, die mit bestimmten Informationen gefüllt ist und die auch dann noch existiert, wenn das Ereignis oder Phänomen schon lange zurückliegt. Dasselbe kann man über einen Menschen sagen: Wir beeinflussen zukünftige Generationen mit unserer Energie und unseren Taten, die Taten unserer Vorfahren beeinflussen uns in der Gegenwart.

Jeder Familienverbund hat seine eigene Energie, aber auch die Energie der Jahre hat Einfluss auf ihn. Kaum jemand kennt die Geschichte seiner Urgroßeltern, geschweige denn die eines großen Verbunds von Brüdern und Schwestern, die über das ganze Land verstreut sind. Es ist schwierig sich vorzustellen, wie weit ein Zweig jeder Familie in die Vergangenheit zurückreicht, aber eines ist sicher: Die Handlungen und Taten, selbst der entferntesten Vorfahren, haben manchmal einen Preis in der Gegenwart.

Stellen Sie sich einen riesigen Baum mit einem verzweigten Wurzelsystem vor, das aus zahlreichen Generationen besteht. Wenn der Stamm, die Basis des Baums, oder einer der Wurzeläste beschädigt ist, ist der Gesamtzustand des gesamten Baums betroffen. Die schwächsten und dünnsten Wurzeln werden am stärksten getroffen, und sie sind es, die den größten Schaden erleiden können. So auch hier: Krankheit, negative Emotionen, Süchte oder der Tod eines Familienmitglieds wirkt sich auf alle anderen aus. Und alle nahen und fernen Verwandten werden auch die Folgen spüren.

Die Energie der Gene ist ein sehr mächtiges Erbe, das entweder die Menschen unterstützen oder im Gegenteil mit negativen Informationen destruktiv belasten kann. Allerdings wissen wir heute aus der Epigenetik, dass es viel wichtiger ist, in welchem energetischen Umfeld wir leben.

DAS ERBE UNSERER AHNEN

Am Anfang des Lebens bekommt jeder von uns einen Namen. Von diesem Moment an beginnt unser eigener Weg – der Weg eines Menschen, der seine eigene Art zu leben, zu denken und sich zu verhalten formt, und das Ursache-Wirkungs-Prinzip ist das Ergebnis. Sobald ein Name eines Ahnen auftaucht, wird auch dessen Ursache- und Wirkungs-Prinzip der Familie zu unserem hinzugefügt. Die Vererbung des Nachnamens des Vaters macht diese Abhängigkeit noch stärker und vollständiger. Im Laufe des Lebens akkumulieren wir also unser Energieprogramm, und wir sind für unsere Handlungen und Taten sowie für die Handlungen und Taten unserer Familie verantwortlich.

Stellen Sie sich vor, in einer großen Familie gibt es ein ungünstiges Umfeld: Der Großvater war ein Säufer, der Urgroßvater ein Betrüger und Dieb, die weibliche Linie wird von Generation zu Generation mit schweren Erbkrankheiten belastet. All diese Dinge haben eine unaufhaltsame energetische Wirkung auf das neue Familienmitglied. Allmählich unterdrückt die negative Energie- und Informationsbilanz der Familie die individuelle Energiebilanz und verringert die Fähigkeit der inneren Reserven des Organismus, sich gegen äußere Einflüsse zu wehren. Dies kann sich in der Entwicklung von Depressionen, Niedergeschlagenheit, einer Verschlechterung der Lebensumstände, finanziellen Nachteilen und verschiedenen Krankheiten äußern. Die Fehler und Sünden der Vorfahren und Verwandten werden von dem neuen Familienmitglied aufgearbeitet. Das Erbe unserer Ahnen.

Es ist ein großer Segen, wenn die Familienenergie ein hohes spirituelles Potenzial und ein positiv geformtes Wirkungsprinzip besitzt. Dann wird die Zugehörigkeit zu diesem Familienkreis den Menschen energetisch unterstützen und schützen, anstatt zu zerstören. Die Hauptsache ist, mit ihr (der Energie) in Resonanz zu kommen, sie mit der Seele anzunehmen und sich ihrem Fluss positiv anzupassen.

Mit einem doppelten Nachnamen steht eine Person unter dem Schutz von zwei Familien gleichzeitig. Wenn es realistisch ist, ihre positive Wechselwirkung energetisch zu erleben, dann ist der doppelte Nachname ein sehr starker Schutz für das ganze Leben. Andererseits, wenn der problematische Clan nicht die ausreichende positive Energie mit sich bringt, könnte es unangenehme Auswirkungen nach sich ziehen.

Wenn Sie sich mitten in einer »Entspannungsphase« befinden und Sie täglich von endlosen Problemen heimgesucht werden, ist es die Überlegung wert, ob es der Einfluss der vorherrschenden genetischen Energie sein könnte oder ob Sie selbst eine Ursache für diese Wirkung gesetzt haben.

Künstlernamen und alle Arten von Spitznamen können eine Person vor negativen Einflüssen von außen schützen. In der Regel assoziiert sich der Mensch in seiner Seele nicht mit diesem Namen, sodass alle Informationen, die von außen kommen und auf den Spitznamen gerichtet sind, nicht im Biofeld des Menschen hängen bleiben.

KORREKTUR DES EIGENEN URSACHE-WIRKUNGS-PRINZIPS

Die Menschen fragen sich: »Was ist Schicksal? Gibt es eine besondere Bestimmung, die unser Leben beeinflusst?« Natürlich gibt es das. Die Menschen haben aber auch das Recht, ihr eigenes Ursache-Wirkungs-Prinzip zu korrigieren und es in die von ihnen gewünschte Richtung zu lenken. Stellen Sie sich vor, dass wir uns am Anfang unseres Lebens sehr langsam bewegen, mit der Geschwindigkeit von etwa 10 km/h. Das Auto neben uns ist unser Ursache-Wirkungs-Prinzip oder das unserer Ahnen, das ebenfalls mit 10 km/h fährt. Wir bewegen uns mit der gleichen Geschwindigkeit und sind aufeinander angewiesen.

Allmählich lernen wir hinzu, verbessern positiv unsere Fähigkeiten und entwickeln uns geistig weiter. Unsere Bewegung ist viel schneller – mit einer Geschwindigkeit von 50 km/h, während das Ursache-Wirkungs-Prinzip mit der gleichen Geschwindigkeit – 10 km/h – hinter uns herläuft. Ja, wir haben uns seinem Einfluss entzogen, wir haben uns von ihm gelöst und wählen nun unseren eigenen Weg, unsere eigene Richtung, wir bestimmen die vorherrschenden Ereignisse. Aber sobald wir in unserer Entwicklung stehen bleiben, wird die Geschwindigkeit unseres Fortschritts abrupt abnehmen. Wir werden nicht an unserem Ursachenfeld (es wird auch Schicksal genannt) vorbeikommen und die Wirkung unserer negativen Taten und Handlungen dürfen dann eben aufgearbeitet werden.

Sobald der Mensch unter die »Räder des Schicksals« gerät, geschieht eine völlige Unterwerfung unter das Programm, das wir selbst bei der Geburt festgelegt haben. Niemand kann den Erfahrungen, die wir erleben wollten und die immer wieder ignoriert wurden, aus dem Wege gehen. Menschen, die durch negative Handlungen, durch das Ursache-Wirkungs-Prinzip aus ihrem Lebensumfeld, durch Suizid, aussteigen, werden die Möglichkeit haben, in einer anderen Inkarnation wieder an dieselbe Stelle geführt zu werden, bis sie den Mut und die Stärke entwickeln, durch diese Erfahrung hindurchzugehen und einen anderen, besseren Lebensweg zu wählen.

Sobald wir wieder auf die Beine kommen und uns entschließen, nach unseren eigenen lebensbejahenden Regeln, Wünschen und Gesetzen zu leben, wird unser Tempo zunehmen, und wir werden die Bestimmung überholen, die uns auf den Fersen ist. So geht es unser ganzes Leben lang. Mit kleinen Verzögerungen könnten Ereignisse, Menschen oder Phänomene in unser Leben treten, wenn wir uns nicht weiterentwickeln würden.

Es hängt von unserer inneren Entwicklung und unserem Streben nach geistiger und körperlicher Gesundheit ab, ob wir unseren eigenen Weg wählen oder ob wir uns den eigenen Wirkungsprogrammen oder den uns von außen manipulierenden Wirkungsprogrammen unterwerfen.

Manchmal lebt jemand sein ganzes Leben in einer Atmosphäre der Selbsttäuschung und ist sich seiner Handlungen nicht bewusst, nicht nur gegenüber seiner Umgebung, sondern auch gegenüber sich selbst. Das ist die größte Täuschung – sich zu versichern, dass alles gut und wunderbar ist, dass man sein Leben wie eine Fahrkarte von vorgegebenen Stationen ablebt, ein Leben lebt, wie es das System, die Gesellschaft oder unsere Eltern vorgeben, ohne Höhen und Tiefen und ohne wirkliche Lebensfreude.

Leben heißt Entwicklung durch Erfahrungen, durch Lernen, durch Freude am Sein, durch das Erkennen, dass wir mehr sind als gut erzogene Arbeitsuntertanen. In der Regel entstehen viele Katastrophen durch unzureichende Selbsteinschätzung und den Wunsch, die Augen vor den eigenen Fehlern und Problemen zu verschließen. Wir verlieren innerlich an Transparenz und werden zu »träumenden« Menschen, nicht nur energetisch, sondern auch in unseren Gedanken.

Manchmal ist unklar, ob sich die Person in irgendeine Richtung bewegt, ob die Bewegung weitergeht oder ob sie stehen geblieben ist. Und dann kommt der kritische Moment – der Vorrat an innerer Wirkungs- oder Schöpferenergien ist aufgebraucht, und es kommen die sogenannten Schicksalsschläge, meist in Form von Krankheiten. Das Seelenpotenzial oder das Prinzip von Ursache und Wirkung ruft zur Rechenschaft und verlangt die Lösung von ungelösten Lebensaufgaben oder Verirrungen. Alles taucht auf einmal auf, und man fragt sich: »*Woher kommt das?*« Auftauchende Probleme und Misserfolge hängen meist mit persönlicher Ursache-Wirkungs-Verschuldung zusammen oder mit der Tatsache, dass man beginnt, das Ursachenfeld von Familienmitgliedern oder Verwandten abzuarbeiten.

KOMMUNIKATION MIT SICH SELBST

Es ist notwendig, sein persönliches Ursache-Wirkungs-Feld rein und unbefleckt von negativen Gedanken und Handlungen zu halten. Um dies zu tun, sollten Sie in erster Linie ehrlich zu sich selbst sein, das eigene Verhalten nicht verleugnen und jederzeit bereit sein, die Verantwortung für Ihr Handeln zu übernehmen. Eine wirksame Methode, um mit sich selbst ins Gespräch zu kommen, ist die Meditation. Ein Zustand, in dem durch eine leichte, flache Atmung eine solche innere Ruhe und Losgelöstheit erreicht wird, dass man mit seinen Gedanken allein ist. Meditation ist ein Weg der Selbstregulierung, der in erster Linie auf Selbstprüfung und »sich selbst erkennen« abzielt. In diesem Zustand kann man eigene Taten, Worte und Handlungen und ihre Fairness, Achtsamkeit und Notwendigkeit verstehen.

Selbst ein schlechtes Gewissen zu haben, ist ein ehrliches Eingeständnis, dass dies wirklich passiert, und bereits ein großer Schritt zur Korrektur der Situation. Durch geistige Veränderungen von Worten und Handlungen in eine positive Richtung, kann der Grundstein einer Veränderung gelegt werden. Die zugrunde liegenden Probleme bleiben jedoch bestehen, sodass man sich bemühen sollte, sich selbst von innen heraus immer wieder zu reinigen.

Übung vor dem Schlafen:
Eine gute Übung, die man vor dem Schlafen im Bett ganz entspannt durchführen kann, ist folgende:

Lassen Sie den Tag mit all seinen Geschehnissen vor Ihrem geistigen Auge Revue passieren und stellen Sie sich, ohne zu bewerten und zu beurteilen, folgende Fragen:

- Was habe ich gesagt, was ich nicht hätte sagen sollen (z. B. jemanden
- beleidigt, verpetzt oder üble Nachrede praktiziert etc.)?
- Was habe ich nicht gesagt, das ich hätte sagen sollen (z. B.: das hast du großartig gemacht; du siehst gut aus; du bist ein wunderbarer Freund/Mensch etc.)
- Was habe ich getan, dass ich nicht hätte tun sollen (z. B.: gestohlen, gelogen, mit Worten bewertet und beurteilt, zu viel Alkohol getrunken etc.)
- Was habe ich nicht getan, das ich hätte tun sollen (z. B.: einem anderen Menschen helfen; Unterstützung von Arbeit anbieten; ältere Menschen unterstützen etc.)

Wo Sie bemerken, dass das Geschehen negativ war, können Sie auf geistiger Ebene diese Geschehnisse positiv gestalten. Da alles Geist ist, wird es seine Wirkung nicht nur im Äußeren zeigen, sondern nach einiger Zeit wird man feststellen, dass sich Ihr Charakter, Ihre Gedanken, Gefühle und Ihr Handeln ins Positive umwandelt.

Das Überdenken des eigenen Charakters und damit das Loslassen von Negativität sowie das Erkennen, welche persönliche Bindungen positiv auf uns einwirken, und welche aufgelöst werden dürfen, wird uns zu greifbaren Ergebnissen führen.

Ebenso ist es für unsere Gesundheit unabdingbar, körperliche Aktivitäten aufzubauen, da, wie wir wissen, ein gesunder Geist auch einen gesunden Körper benötigt. Jedes Projekt und jeder Plan – auch im geschäftlichen Bereich – hat seine Ursache und Wirkung. Eine Zeit lang können die Dinge sehr gut laufen, und dann beginnen sie aus bestimmten Gründen zu scheitern (z. B. schwindendes Vertrauen zwischen den Partnern, kaum noch Perspektiven, drohende Finanzkrise, Veränderungen im Weltsystem). Das positive Ursache-Wirkungs-Prinzip kann sich erschöpfen, wenn das negative Wirkungsprinzip überhandgenommen hat.

Sobald Sie diese Situation erkennen, sollten Sie auf eine andere Ebene wechseln und ein neues Unternehmen gründen, das auf einer positiven Energie und einem positiven Verhalten aufgebaut wird. Das Wichtigste ist, dies rechtzeitig zu erkennen und nicht zu versuchen, das aufzuhalten, was bereits außer Kontrolle geraten ist.

Oft ist es schwierig, ein Projekt aufzugeben, in das man viel Zeit und Mühe investiert hat. Aber alles hat ein Ende, und derjenige, der es rechtzeitig spürt, kann noch einmal ein gutes und erfolgreiches Unternehmen gründen. Wie schwer es auch sein mag, man muss sich von einer heuchlerischen Umgebung, einer uninteressanten Gesellschaft von Feinden und Geschäften, die keine Aussicht auf Erfolg mehr haben, trennen können.

»Nein« sagen zu können, deutet auf Charakterstärke, Selbstvertrauen, Wissen über Ziele und Fähigkeiten hin. Manchmal hilft ein solcher Schritt einer Person, in der Entwicklung weiterzukommen und sich von den gewohnten Anhaftungen zu lösen, die einen zurückhalten und nach unten ziehen.

DIE KUNST DER ASTRALREISEN UND ENERGETISCHE HEILUNG AUS DER FERNE

Menschen interagieren durch den Astralkörper und energetische Verbindungen miteinander. Mit etwas Übung können Sie lernen, Ihren Astralkörper zu kontrollieren und virtuelle Reisen zu unternehmen. Energetische Korridore erlauben eine tiefere Verbindung und Kommunikation zwischen Menschen, auch über große Entfernungen.

»In der Welt der Energie gibt es keine Barrieren,
und durch unser Bewusstsein können wir uns
über Raum und Zeit hinweg verbinden und heilen.«

Sebastian Lichtenberg

Wir schlüpfen alle von Zeit zu Zeit in tiefe persönliche Erinnerungen. Es flackern Bilder aus der Kindheit vor unseren Augen auf, die so weit entfernt und doch so real sind, als hätten sie erst gestern stattgefunden. Oder jemand vermisst seine Stadt und stellt sich jede Nacht vor, wie er durch die Straßen seiner Heimatstadt läuft, virtuell mit Nachbarn und Freunden kommuniziert und vertraute Gerüche riecht. Es kommt auch vor, dass wir einen geliebten Menschen vermissen, uns nach ihm oder ihr sehnen und unser Bewusstsein ständig lebhafte Bilder von den Orten zeichnet, an denen die Person sein könnte.

Wenn man darüber nachdenkt, sind nicht nur Gedanken, Erinnerungen und Fantasien in den Prozess der virtuellen Reise involviert, sondern auch das Energiefeld. Alles, was wir uns gedanklich vorstellen, geschieht tatsächlich auf der Energieebene, denn das Informationsfeld funktioniert nach denselben Gesetzen wie ein Gedanke. Es gibt keine Entfernung und keine Zeit. Es wäre wunderbar, wenn wir alle lernen könnten, unsere virtuellen Bewegungen im Raum zu kontrollieren, auf unserem mentalen Bildschirm das Geschehen in der Ferne zu sehen und es sogar in einer bestimmten Weise zu beeinflussen.

Jeder Mensch hat einen energetischen Körper, man nennt diesen Astralkörper. Der Astralkörper kann mit etwas Training den physischen Körper verlassen und durch den Raum reisen. Lernen wir die grundlegenden Techniken für solche Reisen doch einmal näher kennen.

Übung: Astralreise

Lehnen Sie sich zurück, entspannen Sie sich und schließen Sie die Augen. Stellen Sie sich nun mental vor, dass Sie Ihren feinstofflichen Körper, also den Astralkörper, wie man ihn nennt, aus Ihrem physischen Körper heraustreten lassen. Zuerst lösen sich Ihre Arme und Beine, dann Ihr Kopf, und Sie machen Ihren ersten Schritt außerhalb Ihres Körpers. Der Astralkörper hat nun seine physische Hülle verlassen und kann sich frei im Raum bewegen. Gehen Sie im Geiste durch die Räume, schauen Sie in die Ecken, betrachten Sie Ihre Möbel und verschiedene Gegenstände.

Gehen Sie zurück und betrachten Sie Ihren Körper von außen, achten Sie auf Details der Kleidung, den Gesichtsausdruck und

die Stellung der Arme und Beine. Am Anfang wird das nicht leicht sein, denn Sie werden sich stark zu Ihrem Körper hingezogen fühlen und Sie werden es gelegentlich »in sich« spüren. Aber verzweifeln Sie nicht und üben Sie weiter. Bald werden Sie feststellen, dass Sie Ihren Körper bereits mit Leichtigkeit verlassen, sich von außen betrachten und sich in der Wohnung bewegen können.
Beachten Sie, dass die körperlichen Empfindungen irgendwann vollständig verschwinden, wenn der Astralkörper spazieren geht. Um den physischen Körper nicht schutzlos zurückzulassen, ist es empfehlenswert, ihn geistigen Führern anzuvertrauen, wie beispielsweise den Erzengeln; Michael, Raphael, Gabriel und Uriel, die wiederum stellvertretend für die vier Elemente sind.

Hier ein kleines Geheimnis:
In jeder beängstigenden Situation ist es möglich, die Erzengel um Beistand und Schutz zu bitten. Man kann auch die Aufregung völlig verdrängen, indem man sich ein paar Minuten Zeit nimmt, um aus seinem Körper herauszugehen. Ebenso ist es realistisch, körperliche Schmerzen und Unannehmlichkeiten zu verringern (oder ganz zu beseitigen).

Wenn Sie die virtuellen Spaziergänge in der Wohnung perfektioniert haben, können Sie weiter in die Ferne gehen. Zum Beispiel, um Ihre Freunde zu besuchen. Zunächst sollten Sie sich in Erinnerung rufen, wie die Küche, der Flur und andere Räume aussehen, sich umsehen und mutig nach vorne gehen. Achten Sie darauf, wo Ihre Gastgeber sind, in welcher Position sie sitzen und was sie konkret tun.

Am Anfang kann es passieren, dass Ihre Fantasie verrücktspielt und Sie Dinge sehen, die nicht da sind. Aber wenn Sie ein bisschen üben, werden Sie anfangen, ganz reale Bilder in Ihrer Vorstellung zu sehen.

Um diesen Prozess aktiver zu gestalten, **können Sie Folgendes üben**:

Nehmen Sie zwei gleich große Karten mit unterschiedlichen Farben (z. B. schwarz und rot). Legen Sie diese auf den Tisch und versuchen Sie, mit Ihren Händen die Strahlung zu fühlen, die von jeder der Karten ausgeht. Spüren Sie den Unterschied. Wenn Sie dies erreicht haben, drehen Sie die Karten um, vermischen sie und dann bestimmen Sie mit Ihren Händen, welche Karte die schwarze und welche die rote Farbe ist.

Sobald diese Phase abgeschlossen ist, erschweren Sie die Aufgabe, indem Sie die Karten nach dem Gefühl Ihrer Astralhände erraten. Auf diese Weise bringen Sie Ihrem Astralkörper bei, an einem Ort physisch zu verbleiben und an einem anderen Ort das Geschehen zu beobachten. Sie werden in der Lage sein, Worte und Geräusche anderer zu hören und zu verstehen, was an einem bestimmten Ort und zu einer bestimmten Zeit vor sich geht. Diese Gabe benötigt allerdings sehr viel Ausdauer und ist bei Bekannten und Freunden, die Sie astral besuchen wollen, sehr unbeliebt.

Es versteht es sich von selbst, dass wir für Forschungen dieser Art, auch bei den zu Besuchenden, vorher um Erlaubnis fragen.

ENERGETISCHE VERBINDUNGEN

Im Alltag bilden sich zwischen Menschen energetische Verknüpfungen. Dies zeigt sich besonders deutlich bei Liebenden, zwischen denen eine so starke energetische Verbindung besteht, dass jeder Gedanke, jeder Wunsch, jede Handlung des einen sofort vom anderen wahrgenommen werden kann. Oft geschieht es, dass ein Partner einen Satz beginnt und der andere ihn beendet, oder beide zur gleichen Zeit dasselbe sagen. Diese tiefen energetischen Verbindungen, die oft über viele Leben bestehen, können Gedanken und Empfindungen so stark kommunizieren, dass beide Partner, unabhängig voneinander, zur selben Zeit dasselbe Buch oder dieselben Lebensmittel kaufen und nach Hause bringen.

Die Wirklichkeit zeigt, dass energetische Verbindungen von Mensch zu Mensch Informationen sanft und leicht übertragen. Dank dieser Verbindung sind wir in der Lage, mit einem anderen Menschen geistig Kontakt aufzunehmen, seine Gedanken und Handlungen telepathisch zu inspirieren oder vorherzusagen. So können wir uns etwa geistig kommunikativ bei einem anderen, mit dem wir einen Streit hatten, entschuldigen. Hier sollte allerdings auch das Gefühl dazu stimmig sein. Die Erfahrung zeigt, dass die Streitigkeiten oft sehr schnell verziehen werden und der freundschaftliche Weg zueinander wiederaufgenommen wird.

Alle diese Möglichkeiten treten im Leben viel häufiger auf, als uns bewusst ist. Eine verstärkte Aufmerksamkeit für die eigenen Fähigkeiten führt daher zu sehr interessanten Beobachtungen und Schlussfolgerungen, die geübt und weiterentwickelt werden können.

Es gibt keine Barrieren für Energie. Es ist daher möglich, eine energetische Behandlung aus der Ferne durchzuführen. Dabei spielt es keine Rolle, ob sich die Person in der Nähe oder Hunderte von Kilometern vom energetischen Heiler entfernt aufhält. Das Wichtigste ist, die Technik der Energieübertragung zu beherrschen und sich das Bild der Person genau und lebendig vorstellen zu können. In diesem Fall verlässt der Energetiker geistig seine physische Erscheinung, begibt sich an den Ort, an dem sich die zu behandelnde Person befindet, und führt mit ihr das klassische allgemeine Heilverfahren durch. **Selbstverständlich nur dann, wenn er die Einwilligung dafür auch erhalten hat, sonst wäre eine Energieübertragung manipulativ.**

Alle Aktionen und energetischen Veränderungen sind gleich: Energie in das kranke Organ fluten, Negativität und Krankheit herausziehen und dann erneut fluten und die Energie verteilen. Es ist besser, wenn Sie denjenigen im Voraus über die virtuelle Sitzung informieren und ihm anbieten, sich zum vereinbarten Zeitpunkt bequem hinzusetzen oder hinzulegen. In den meisten Fällen spürt derjenige alle Handlungen des Energetikers sehr deutlich und kann eine Wärme oder ein Kribbeln und andere Empfindungen spüren.

Das Wichtigste ist, dass der Energetiker bei der Durchführung keine Negativität in das Biofeld einbringt. Zu diesem Zweck muss vor Beginn der Sitzung eine Schutzhülle eingerichtet werden, und nach der Sitzung, vor der Rückkehr in den physischen Körper, muss eine Reinigung erfolgen, die alle möglichen negativen Energie-Informationen transformiert. Erst dann kann man in den physischen Körper zurückkehren. **Auf diese Weise haben Sie zum ersten Mal die grundlegenden Techniken erlernt, sich virtuell im Raum zu bewegen.**

WIE GEGENSEITIGES VERSTÄNDNIS UND ENERGIEELEMENTE ERFOLGREICHE BEZIEHUNGEN FÖRDERN

Im Leben dreht es sich oft darum, wie man den richtigen Partner findet und welche Rolle Kompatibilität dabei spielt. Unterschiedliche Werte, Denk- und Verhaltensweisen können zu Problemen in Beziehungen führen. Im Folgenden erfahren Sie, wie die vier Temperamentstypen (Choleriker, Sanguiniker, Phlegmatiker und Melancholiker) in Bezug auf körperliche und geistige Aktivitäten miteinander harmonieren oder nicht harmonieren.

»In der Harmonie unserer Seelen finden wir die wahre Verbindung,
die uns miteinander verschmelzen lässt
und die Kraft unserer Beziehung entfaltet.«

Brigitte Seidl-Lichtenberg

Aktuellen Statistiken zufolge halten Ehen nur noch einige Jahre. Zwei Menschen, die in Liebe und Harmonie ihr ganzes Leben miteinander verbringen, ist eher die Ausnahme und bewundernswert.

DIE VERSCHIEDENEN TEMPERAMENTSTYPEN

Probleme und Meinungsverschiedenheiten treten zutage durch unterschiedliche Werte, Denk- und Verhaltensweisen! Oft werden diese

Faktoren zu Beginn einer Beziehung einfach ignoriert, sodass ein Partner hofft, der oder die andere werde sich schon ändern. Manchmal führt eine solche Kurzsichtigkeit nicht nur zu Problemen in der familiären Beziehung, sondern kann auch zum Zusammenbruch von Existenzen führen. Hierfür gibt es unzählige Beispiele. In der Regel sind die meisten Probleme auf unterschiedliche Weltanschauungen zurückzuführen, wobei jede/jeder ihre/seine Weltanschauung für die einzig wahre hält. Je weniger Übereinstimmungen es zwischen den Ansichten und Verhaltensweisen der Menschen gibt, desto geringer ist das gegenseitige Verständnis und damit die Chance, einen angenehmen, freundschaftlichen Kontakt und Vertrauen aufzubauen. Gemeinsame Ansichten, Ideen und eine physische Einheit sind der Schlüssel zu einem erfolgreichen Zusammenleben und gegenseitigem Verständnis und Vertrauen.

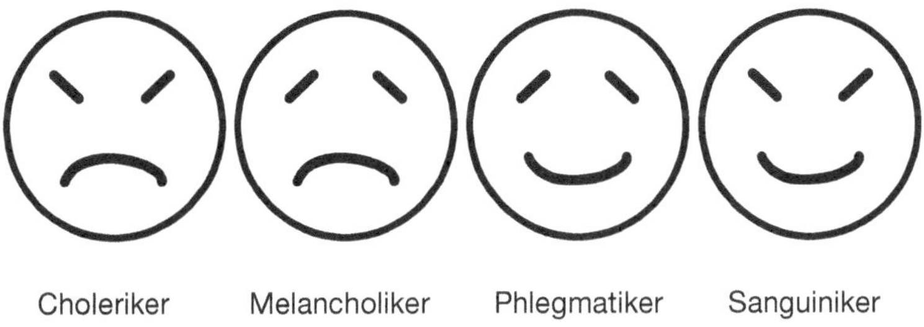

Natürlich gibt es weder die perfekte Person noch die perfekte Übereinstimmung. Es ist wichtig, die Gründe für die Unvereinbarkeit zu verstehen, zumal eine *vernünftige Annäherung und der gegenseitige Wunsch, sich zu verständigen,* ein komplexer Prozess ist. Dieser kann, wenn man hart an sich arbeitet, die Unvereinbarkeit in eine harmonische und herzliche Verbindung verwandeln. Damit sind wir bei der wichtigsten Frage: »*Was trennt oder verbindet die Menschen im Alltag?*« Natürlich gibt es viele Faktoren, aber wir werden uns auf die wichtigsten konzentrieren. Es geht um die verschiedenen Temperamentstypen.

Wissen Sie, welcher Temperamentstyp Sie sind? Sind Sie der Choleriker, der Sanguiniker, der Phlegmatiker oder der Melancholiker? Schauen wir uns die psychologischen Eigenschaften eines jeden Typs an und erklären dann, was sie in Bezug auf Energie verursachen, das Ganze, ohne zu bewerten oder zu beurteilen.

Die Besonderheit des ***Cholerikers*** ist, dass er sehr impulsiv, körperlich aktiv und nervös ist. Er hat schnell eine zündende Idee, lässt aber auch schnell wieder von ihr ab. Die Aktivität des Cholerikers kann stark ansteigen und dann sofort wieder abnehmen. Definieren wir die körperliche Aktivität eines Cholerikers als »+« und seinen inneren Geist als »–«.

*Ein **Sanguiniker*** hat eine sehr dynamische Natur, deren körperliche Kraft mit innerer Aktivität einhergeht. »Die Energie geht nie zur Neige«, was ganz offensichtlich ist, da die innere Dynamik nahtlos in die äußere körperliche Aktivität übergeht und diese beeinflusst und umgekehrt. Bei den Sanguinikern verschwinden diese beiden Energien nicht, sondern fördern die ständige Kraft und Beweglichkeit. Die körperliche Aktivität des Sanguinikers ist »+«, die geistige Aktivität ist »+«.

*Ein **Phlegmatiker*** ist ein körperlich eher zurückhaltender Mensch und er ist weniger emotional als Choleriker und Sanguiniker. Seine innere Aktivität ist jedoch nicht so passiv wie die äußere. Typischerweise handelt es sich dabei um einen Menschen, der die Welt von außen betrachtet und nach außen hin keine Haltung ihr gegenüber einnimmt. In seiner Seele denkt und analysiert er aber ständig. Die körperliche Aktivität der Phlegmatiker ist »–«, die geistige Aktivität ist »+«.

Melancholiker sind zurückhaltend und reserviert, sowohl äußerlich als auch innerlich. Sie sind empfindlich gegenüber den äußeren Erscheinungen des Lebens und dem Einfluss anderer Menschen auf sie. Die körperliche Aktivität des Melancholikers ist »–«, die geistige ist »–«.

Nun ist es nicht schwer zu erkennen, welche Arten von Aktivitäten sowohl geistig als auch körperlich vollkommen kompatibel sind, welche teilweise kompatibel und welche völlig unvereinbar sind.

Betrachten wir zunächst die Vereinbarkeit auf der physischen Ebene *(oder der energetischen Ebene).* In diesem Fall gilt die Regel: Gleiche Ladungen stoßen sich ab, verschiedene Ladungen ziehen sich an. Es bedeutet, dass Choleriker mit Phlegmatikern körperlich kompatibel sind und melancholische Menschen nicht kompatibel sind mit sanguinischen Menschen. Außerdem hat jeder dieser Typen eine vorherrschende Energie, die vor allem die körperlichen Eigenschaften beeinflusst. Nach den allgemeinen Eigenschaften und Merkmalen ist das vorherrschende Energieelement bei Cholerikern das Wasser, bei Sanguinikern das Feuer, bei Melancholikern die Luft und bei Phlegmatikern die Erde. Wasser und Feuer (Choleriker und Sanguiniker) unvereinbar sind. Was die geistige (oder *informelle)* Kompatibilität betrifft, so müssen die Ladungen denselben Namen tragen, da sonst kein gegenseitiges Verständnis und kein geistiger Kontakt zustande kommt. Wenn die Punkte unterschiedlich sind, neigen die Menschen dazu, gegensätzliche Interessen und Lebensanschauungen zu haben.

Erstellen wir eine Tabelle, um die Wechselwirkung zwischen den Vor- und Nachteilen zu veranschaulichen.

STUFE	Typ der Temperamente und Aktivitäten in Partnerschaften			
	Choleriker	Sanguiniker	Melancholiker	Phlegmatiker
	Wasser	Feuer	Luft	Erde
Energetische	+	+	-	-
Information	-	+	-	+

Auf der energetischen Ebene sind Ladungen mit entgegengesetzten Zeichen kompatibel; auf der Informationsebene sind Ladungen mit denselben Zeichen kompatibel. Nehmen wir ein Beispiel, eine durchschnittliche Familie, bestehend aus Mutter, Vater und einem kleinen Kind, einem Sohn. Angenommen, die Mutter ist eine Cholerikerin »Plus-Minus«, während der Vater »Minus-Plus« (phlegmatisch) ist. Der Sohn hingegen ist melancholisch »Minus-Minus«. Welche Art von Problemen und Meinungsverschiedenheiten könnte diese Familie auf der energetischen und informellen Ebene haben?

Lassen Sie uns zunächst die energetischen Eigenschaften von Mutter und Vater zusammenfassen. Da die Mutter »plus« und der Vater »minus« ist, bedeutet dies physikalisch (oder energetisch), dass sie kompatibel sind (entgegengesetzte Ladungen ziehen sich an), auf der Informationsebene sind Unterschiede möglich, weil ihre Ladungen entgegengesetzt sind. Was den Sohn anbelangt, so wird er sich wahrscheinlich gut mit seiner Mutter verstehen, sowohl energetisch (ihre Ladungen sind entgegengesetzt) als auch geistig. Beim Vater hingegen ist das völlig anders, denn die Pole passen weder körperlich noch geistig zusammen. Daher sind hier mögliche Störungen zu erwarten, die im Vorfeld verhindert werden sollten. Um dies zu tun, sollten Sie besonderes Augenmerk auf die psychologischen Eigenschaften der melancholischen und phlegmatischen Charaktere haben, um die Kommunikation in Bezug auf Toleranz zu berücksichtigen. Eine harmonische Union beruht auf gegenseitigen Zugeständnissen. Wir wirken auf der physischen und der geistigen Ebene zusammen. Manchmal finden wir auf der physischen Ebene

Resonanz, aber auf der geistigen Ebene verstehen wir uns nicht und umgekehrt.

Die Unterschiede in der Lebenseinstellung sind offensichtlich, und auf der körperlichen Ebene irritiert der eine den anderen durch Langsamkeit oder übermäßige Energie (und umgekehrt). Meist werden diese Eigenschaften bei der Geburt ausgebildet, und nur ein kleiner Teil der Informationen wird im Laufe des Lebens erworben.

Wenn man sowohl auf die eigenen Eigenschaften als auch auf die des anderen achtet, sie versteht und akzeptiert, wird das gegenseitige Verständnis größer sein. Am wichtigsten ist, dass der Wunsch nach körperlicher und geistiger Kompatibilität bei beiden Personen oder Gruppen auf Gegenseitigkeit beruht, dadurch wird die Kommunikation nicht nur angenehm und wohlwollend, sondern auch interessanter.

YING UND YANG

Wir unterscheiden uns nicht nur in der Art der Aktivitäten, sondern auch in der vorherrschenden *männlichen* und *weiblichen Energie.* Die **maskuline Yang-Energie** ist eine dynamische, kraftvolle Energie – meist charakteristisch für Männer, aber auch bei Frauen kann sie sehr ausgeprägt sein. Menschen, bei denen die männliche Energie überwiegt, sind sehr kinästhetisch und nehmen die Welt durch körperliche Empfindungen wahr. Kinästhetiker atmen nach unten, wodurch die ersten drei Zentren/Chakras, die für die Erzeugung der Energie verantwortlich sind, die unser physischer Körper benötigt, stimuliert werden. Deshalb lesen Besitzer männlicher Energie Informationen aus der Umwelt vor allem mit ihrer Biosphäre/Aura aus. Für sie spielen innere und äußere Empfindungen eine äußerst wichtige Rolle.

Da die untere Atmung, die für die Kinästhetik charakteristisch ist, die ersten Zentren verbindet, kann man zwei vorherrschende Energien identifizieren, die ihnen entsprechen. Dies sind die Energien von

Erde und Feuer. Diese beiden Hauptelemente haben eine spürbare Wirkung auf den Menschen, indem sie bestimmte Eigenschaften in ihm entwickeln. Die Erdenergie ist eine härtere, stärkere Energie, während das Feuer ihr Weichheit und Dynamik verleiht. In der Regel finden diese Menschen leicht zueinander. Sie sind kompatibel, da sich Erd- und Feuer-Energien gut miteinander verbinden und sich gegenseitig positiv beeinflussen, ohne die Entwicklung und Entfaltung ihrer besonderen Qualitäten zu behindern.

Man hat beobachtet, dass Frauen, die einen unteren Atem entwickelt haben, bei Männern viel beliebter sind als Frauen mit einem oberen Atem. Männer spüren unbewusst die Sinnlichkeit und innere Wärme einer kinästhetischen Frau und fühlen sich sowohl geistig als auch körperlich zu ihr hingezogen.

Das genaue Gegenteil ist die **weibliche Energie – Yin**. Menschen mit einer überwiegend weiblichen Energie sind eher visuell veranlagt und mit den beiden anderen Urelementen, Wasser und Luft, verbunden. Ihre Atmung ist höher, flacher und leichter. Daher sind diese Menschen (meist Frauen, obwohl es auch Männer gibt), eher verträumt. Ihre Wahrnehmung besteht aus der Welt mit Bildern, sie sind aufmerksam, was Gesten, Blicke, Aussehen und andere visuelle Manifestationen betrifft. Sie sind in ihren Eigenschaften und ihrer Weltanschauung nicht mit den Kinästhetikern kompatibel. Sie sind so unterschiedlich wie »Himmel und Erde«, und in diesem Fall kann der Satz wörtlich genommen werden: Die Visuellen sind mit dem oberen, himmlischen, absteigenden Strom des Wassers und der Luft verbunden, während die Kinästhetiker im Gegensatz dazu mit den ausgehenden Energien der Erde und des Feuers verbunden sind. Aber sie ergänzen sich und versuchen, einen Berührungspunkt zu finden, so wie Himmel und Erde am Horizont zusammenkommen und eins werden.

Erinnern Sie sich, welche Grundlagen bei Ihnen, Ihren Verwandten, Freunden, Bekannten, Kollegen am stärksten ausgeprägt sind. Vergleichen Sie die Energien, die den Bedingungen entsprechen, und dann wird deutlich, wo Sie sich von anderen Menschen unterscheiden oder wo Sie Gemeinsamkeiten haben.

Ähnliche Muster des elementaren Einflusses lassen sich auch bei anderen charakteristischen Erscheinungsformen erkennen. Die vier Jahreszeiten und die vier Himmelsrichtungen sind nicht zufällig, denn jede von ihnen wird auch von einem bestimmten Element beeinflusst. Wir können die vier Jahreszeiten mit den vier Himmelsrichtungen und den vier Elementen in Verbindung bringen, deren Merkmale uns bereits bekannt sind. Daher hat die Zeit des Jahres und die geographische Lage des Ortes, wo der Mensch geboren wurde und natürlich das vorherrschende Element einen maßgeblichen Einfluss auf die Bildung einer bestimmten Art von Aktivität. Sie vereinen oft mehrere Merkmale, die zwei oder drei Elementen eigen sind. Im Allgemeinen dominiert ein Element. Die Hauptsache ist, die Auswirkungen der Elemente direkt auf den Charakter und das Temperament der Person zu betrachten.

Wir können mit Sicherheit sagen, dass jeder von uns ziemlich komplex ist, so dass die Kenntnis der Eigenschaften und Merkmale der Menschen in unserer Nähe ein wichtiger Bestandteil des gegenseitigen Verständnisses und Vertrauen ist.

Wir alle sind vielfältig in unseren Erscheinungsformen, Interessen, Bestrebungen, Denkweisen und Fähigkeiten. Die Eigenschaften einer anderen Person zu sehen und zu akzeptieren, hilft uns, unsere Beziehungen zu anderen ruhiger, wärmer und vertrauensvoller zu gestalten.

IN BALANCE: DIE SUCHE NACH DEM EIGENEN LEBENSRHYTHMUS

Um zufrieden und erfolgreich zu sein, muss man den eigenen Rhythmus im Leben finden. Die Fähigkeit, den eigenen Rhythmus zu finden und mit den Energien der vier Elemente zu arbeiten, kann helfen, den zwischenmenschlichen Raum zu harmonisieren.

»In der Harmonie unseres eigenen Rhythmus entfaltet sich das wahre Potenzial unserer Seele und führt uns auf den Weg des inneren Gleichgewichts und der Zufriedenheit.«

Sebastian Lichtenberg

EIN MEISTER DER ELEMENTE WERDEN

Jeder Mensch lebt in seinem Tempo. Der tägliche Einkauf, der Sport, die Arbeit und die Teilnahme an kulturellen Veranstaltungen unterliegen einem eigenen Zeitplan. Die Fähigkeit, sich in dem Tempo zu organisieren, das am besten zu einem passt, ist in unserer Gesellschaft allerdings ein seltenes Phänomen. Wie oft erleben wir übermäßige Hektik, ständige Verspätungen und Chaos am Arbeitsplatz! Oder im Gegenteil: Langsames Handeln, spätes Verstehen der Situation, Liegen auf dem Sofa, Lethargie – und der Koeffizient der Nützlichkeit des Tages geht gegen Null.

In der Regel reißen uns äußere Umstände und viele Verantwortlichkeiten aus dem ureigenen Rhythmus, was zu Überlastung oder Ermüdung führt. Manchmal lähmt all dies den Willen so sehr, dass die Hände, wie man sagt, »handlungsunfähig werden« und Initiative und Aktivität schwächeln. Um dies zu vermeiden, sollte man *erstens* sich selbst verstehen, indem man die vorherrschende Energie identifiziert, die den stärksten Einfluss auf die Natur und das Temperament hat; *zweitens* einen Rhythmus wählen, in dem es am angenehmsten und produktivsten ist, sowohl zu arbeiten als auch zu ruhen; und *drittens* diesen Rhythmus ständig beizubehalten.

Die Vorherrschaft von Energie oder Information beeinflusst die Geschwindigkeit des Zeitflusses und den Biorhythmus. Sobald es zu einer Informationsübersättigung kommt, d. h. Analysen, Überlegungen, Schlussfolgerungen, die den Menschen »ergreifen«, wird der Informationsraum um uns herum so gekrümmt, dass sich die Zeit deutlich beschleunigt und wir beginnen, sie, die Zeit, zu vermissen. Die Energie hat keine Zeit, unsere Informationsbedürfnisse zu befriedigen, und das führt dazu, dass wir Pläne machen und hoffen, dass wir alle umsetzen können. In Wirklichkeit haben wir aber keine Zeit, auch nur den kleinsten Teil von ihnen zu verwirklichen.

Andererseits führt ein völliger Mangel an Informationen und eine große Menge an Energie dazu, dass wir uns untätig bewegen und die Zeit verschwenden, indem wir uns nicht auf das Erreichen eines bestimmten Ziels konzentrieren, sondern sie für eine Vielzahl anderer, unnötiger Dinge verschwenden. Das Ergebnis ist dasselbe: Mit unserer Beharrlichkeit werden wir das Ziel erreichen, aber es wird keinen Spaß machen, weil auf dem Weg dorthin zu viele Anstrengungen unternommen und diese in verschiedene Richtungen verstreut wurden. In beiden Fällen läuft es auf dasselbe hinaus: zu viel Aufhebens und zu wenig Ergebnis.

Wenn wir aber einen Mittelweg wählen, indem wir unsere Informationslast teilweise reduzieren und unsere Energie erhöhen, schaffen wir ein Gleichgewicht, in dem die Energie fast alle unsere Bemühungen befeuern kann. Die Information wird die Energie kontrollieren und nicht zulassen, dass sie in verschiedene Richtungen geht und verschwendet wird.

Sobald dieser Energie-Informations-Austausch stattfindet, stabilisieren sich die physische und die informelle Ebene, und Sie werden das sofort spüren. Ruhe und Gelassenheit stellen sich ein. Eile und Aufregung verschwinden, und alles, was für den Tag geplant ist, wird ohne Probleme und übermäßige Müdigkeit umgesetzt. Außerdem werden sich Ereignisse zeigen, die Ihnen bisher noch nicht widerfahren sind: Die richtigen Menschen werden in Ihrer Nähe sein, die Umstände werden unerwartet bei der Umsetzung von Plänen und Wünschen helfen, und Sie selbst werden beginnen, unangenehme Situationen zu lösen.

Deshalb ist die Fähigkeit, den eigenen Rhythmus zu finden, das eigene Element zu spüren und danach zu handeln, die Aufgabe, die wir versuchen sollten zu erfüllen.

Um Ihren Rhythmus zu erspüren und Ihren zwischenmenschlichen Raum zu harmonisieren, konzentrieren Sie alle vier Elemente. Versuchen Sie, Energie von ihnen zu empfangen und sie dann zu nutzen, um die Menschen um Sie herum zu inspirieren, indem Sie mit ihnen zu einem Ganzen verschmelzen.

Lassen Sie uns zunächst mit der männlichen Energie arbeiten, die für die Kinästhetik charakteristisch ist. Menschen dieser Kategorie sind am stärksten mit der Biosphäre der Erde verbunden und beziehen ihre Kraft aus der Erde und dem Feuer.

Übung:

Um die **Energie der Erde** zu konzentrieren, stellen Sie sich vor, wie bei einer intensiven Einatmung die **rote** Energie der Erde durch Ihre Fußsohlen in Ihren Körper aufsteigt, sich in Ihrem gesamten Körper konzentriert und bei einer sanften Ausatmung durch den Mund nacheinander alle Energiezentren (Chakras) öffnet. Sind alle Energiezentren geöffnet, nehmen Sie wahr, wie aus Ihrem Kopf die rote Erdenergie herausströmt, den Körper rechts, links, vorne und hinten reinigt und das Biofeld mit einer roten Hülle bedeckt. Führen Sie diese Übung mehrmals durch. Nun beginnen Sie, sich auf **die Feuerenergie** zu konzentrieren. Der Mechanismus ist im Wesentlichen derselbe, nur ist die Feuerenergie **gelb**, sodass die eingehende Energie in gelber Farbe dargestellt wird. Sie stellen sich vor, wie bei einer intensiven Einatmung die gelbe Energie durch Ihre Fußsohlen in Ihren Körper aufsteigt, sich in Ihrem gesamten Körper konzentriert und bei einer sanften Ausatmung durch den Mund nacheinander alle Energiezentren (Chakras) öffnet. Sind alle Energiezentren geöffnet, nehmen Sie wahr, wie aus Ihrem Kopf gelbe Energie herausströmt, den Körper rechts, links, vorne und hinten reinigt und das Biofeld mit einer gelben Hülle bedeckt. Führen Sie diese Übung mehrmals durch.

Nun wollen wir die visuellen **Energien von Wasser und Luft** konzentrieren. Dies sind die Energien der oberen Zentren/Chakras.

Übung:

Stellen Sie sich vor, wie **die Luft** – die Energie der **hellblauen** Farbe – bei einer intensiven Einatmung **von oben** in Ihren Körper hereinströmt, bis hinab zu den Fußsohlen, sich in Ihrem Körper konzentriert und bei einer sanften Ausatmung durch den Mund nacheinander alle Energiezentren öffnet. Sind alle Energiezentren geöffnet, nehmen Sie wahr, wie aus Ihren Fußsohlen hellblaue Energie herausströmt, den Körper rechts, links, vorne und hinten reinigt und das Biofeld, die Aura, mit einer hellblauen Hülle bedeckt. Führen Sie diese Übung mehrmals durch.
Arbeiten Sie dann auf die gleiche Weise mit der blauen Energie des **Wassers**, um eine schützende Hülle aus **Blau** zu schaffen.

Diese Übungen sind eine intensivere Version der Atemübungen. Sie sind nicht nur wirksam, um die entsprechenden Energiezentren aufzubauen, sondern auch, um eine starke Schutzschicht um das Biofeld, die Aura, zu schaffen, die aus den Energien der vier Elemente besteht. Regelmäßige Arbeit mit den eigenen Elementen hilft auch, sie genauer wahrzunehmen; der Körper stellt sich auf die dem jeweiligen Element entsprechende Körperfrequenz ein. Um zu vermeiden, dass beim Atmen Energie in den Raum abgegeben wird, versuchen Sie, den Atem nach dem Einatmen so lange wie möglich anzuhalten und dann eine weiche, gleichmäßige und lang anhaltende Ausatmung zu machen.

In diesem Fall wird die Energie, die wir während der Atemanhaltung aufgenommen haben, zunehmen, während eine langsame Ausatmung sie nicht in den umgebenden Raum entweichen lässt. Der Körper wird beginnen, Energiefluktuationen um sich herum auf subtilste Weise wahrzunehmen und Informationen aus dem Raum zu lesen. All dies wird ein Gefühl der Harmonie und des inneren Friedens vermitteln.

In der Regel wird jeder Mensch von seinem eigenen Element beherrscht, und von diesem Element erhält man den stärksten Schutz und die größte Kraft. Ein Energetiker, der mit verschiedenen Klienten arbeitet, sollte jedoch auch alle Elemente in sich selbst konzentrieren und sie gleichermaßen gut handhaben.

Wenn man die Techniken der Verbindung mit den Elementen beherrscht, kann man lernen, negative Einflüsse von anderen zu blockieren. Das Wichtigste ist, dass man weiß, welche Energien in einer Person in diesem Moment vorherrschen und welche fehlen. Wenn es schwierig ist, eine gemeinsame Basis zu finden, weil der Gesprächspartner zu bodenständig ist, seine Bedürfnisse auf der körperlichen Ebene überwiegen und die spirituelle Basis fehlt, kann man sich innerlich mit den Energien von Erde und Feuer verbinden, sie in sich selbst konzentrieren und dann geistig einen Teil der Energie auf den anderen lenken, um ihn zu nähren. Im Falle einer aggressiven Person wird sie dadurch beruhigt, da der Abwärtsfluss von oben blockiert ist, als ob man sie von den Elementen Wasser und Luft abschneidet. Fügen Sie Ihrer Energie eine Gedankenform für einen Zustand der Ruhe hinzu, und eine aggressive, wütende Person wird bald ruhig werden.

Die Beherrschung der Elemente hat viele Vorteile: Erstens beginnen wir, unseren eigenen Rhythmus und unsere Fähigkeiten subtiler zu spüren; zweitens können wir aggressives Verhalten bei einer anderen Person vermindern. Wir können uns mit der vorherrschenden Energie des Gesprächspartners verbinden, mit ihr verschmelzen und dadurch größeres Vertrauen und gegenseitiges Verständnis aufbauen.

Daher bringt uns die Verbindung mit den Energien der vier Elemente auf eine höhere Stufe der Entwicklung. Es trägt zu neuen

Errungenschaften im Bereich der Wirtschaft, Wissenschaft und erworbenen Fähigkeiten bei. Wir lernen tief und subtil nicht nur nahestehende Menschen zu sehen und zu verstehen, sondern auch die Muster in den Ereignissen und Phänomenen, die uns im Alltag begegnen, zu erkennen.

All das, was Sie in diesem Buch erlernt haben und ständiges Training werden unweigerlich zum Erfolg und zur Entwicklung tiefer Fähigkeiten führen, so wie dies viele Freunde dieser Wissenschaft entwickelt haben.

SCHLUSSWORT

Sie haben nun die notwendigen Kenntnisse und Fähigkeiten erworben, die Ihnen helfen können, Ihre Zukunft richtig zu planen, Ihre Wünsche zu verwirklichen, Ihre Gesundheit in vollem Umfang zu erhalten und im Allgemeinen jede Minute Ihres Lebens zu genießen, indem Sie eine angenehme und einladende Atmosphäre um sich herum schaffen. Jede in diesem Buch vorgestellte Übung ist recht einfach durchzuführen, sodass Ihr persönlicher Erfolg und die Ergebnisse Ihres Handelns nur von Ihrer inneren Entscheidung und Entschlossenheit abhängen, Ihr Schicksal und Ihr Leben zu ändern.

Das Lernen geht auch nach der Lektüre dieses Buches weiter, genauso wie Ihre innere Energie-Informations-Entwicklung weitergeht und sich ständig vertieft und verbessert. Wo auch immer Sie sind, wo auch immer Sie hingehen, innere Ruhe und Vertrauen in Ihre Fähigkeiten und Ihre Intuition werden mit Sicherheit eine solche Atmosphäre um Sie herum schaffen, die wie ein Leuchtturm außergewöhnlich gute Menschen, glückliche Chancen und unfehlbaren Erfolg in jedem Unterfangen anziehen werden.

Die Menschen um Sie herum werden Ihre Stärke und Ruhe spüren; sie werden in den Strahlen der Harmonie und des Lichts baden, die von Ihnen ausgehen; und unbewusst werden sie sich angezogen fühlen, mit Ihnen zu kommunizieren.

Verändert mit eurem Wesen, mit eurem Verhalten und eurer Aktivität die euch umgebende Welt und macht sie harmonischer, fröhlicher, liebevoller und leuchtender. Wenn jeder von euch, die ihr die neue Entwicklungsstufe betreten habt, die Welt um sich herum aktiv inspiriert, werden wir in der Lage sein, die Umwelt zu harmonisieren und eine Kettenreaktion des massenhaften Strebens nach geistiger und körperlicher Vervollkommnung in Gang zu setzen.

Diese Verantwortung liegt auch bei Ihnen, denn Sie verfügen jetzt über ein mächtiges Werkzeug, das nicht nur Sie selbst verändern kann, sondern auch andere positiv verändern wird, indem Sie die Welt sauberer, heller und freundlicher gestalten.

Möge dieses Buch ein zuverlässiger Kompass werden, der Sie in der widersprüchlichen und verrückten Welt leitet, und mögen Ihre Seele und Ihr Herz in der Vielfalt der zwischenmenschlichen Beziehungen sicher den richtigen Kurs und den richtigen Weg bestimmen.

QUELLEN & LITERATURVERZEICHNIS

Claus Walter, Fremdenergien: Wie Sie negative energetische Einflüsse erkennen und wirksam auflösen, Deutschland, 2019

Esther Hicks, Jerry Hicks, Wie unsere Gefühle die Realität erschaffen: Die Gesetze der Manifestation, Deutschland, 2011

Adriana Lee, Let's Talk Energy: Inside the World of Auras, https://beyogi.com/inside-the-world-of-auras/, 2022

Louise L. Hay, Heile deinen Körper, Freiburg, 2010

Linda Fernandez, The Science of Emotions, https://labellahealthandbeauty.com.au/emotional-wellness-coach/f/the-science-of-emotions, Australia, 2020

Dr. Claudia Turske und Vilas Turske, Pancha Koshas – die Schichten des Körpers, https://www.yogaeasy.de/artikel/pancha-koshas-die-schichten-huellen-koerpers, Deutschland, 2019

GLOSSAR

In diesem Glossar werden verschiedenste Begriffe aus dem Bereich der Spiritualität vorgestellt und energetische Praktiken erläutert. Dies vertieft das Verständnis für die vielfältigen Aspekte und ermöglicht es, besser mit den zugrunde liegenden Konzepten und Ideen aus diesem Buch zu arbeiten. Dabei wird ein breites Spektrum an Themen abgedeckt, um ein umfassendes Verständnis für die verschiedenen Facetten der spirituellen Praxis zu ermöglichen.

Die Erklärungen in diesem Glossar wurden unabhängig von Wissenschaft oder spiritueller Praktik formuliert. Stattdessen liegt der Fokus darauf, die Begriffe auf einfache und verständliche Weise zu erläutern, um den Lesern einen leicht zugänglichen Einblick in die spirituelle Welt zu bieten.

Adoleszenz	Entwicklungsphase, in der Jugendliche körperliche, emotionale und geistige Veränderungen durchlaufen und ihre Identität finden.
Amplitude des Pendels	Die maximale Auslenkung eines Pendels aus seiner Ruhelage, oft in Zusammenhang mit Pendeln zur Ermittlung energetischer Informationen.
Anatomie	Die feinstofflichen Strukturen und Energiesysteme des Menschen, wie Chakras, Aura und Meridiane, die den Fluss von Lebensenergie im Körper beeinflussen.
Aromaessenzen	Duftende Substanzen, die aus Pflanzen gewonnen werden und zur Unterstützung von Heilung, Entspannung und spirituellem Wohlbefinden verwendet werden.

Astralbewegung	Die Fähigkeit, den Astralkörper bewusst in der astralen Ebene zu bewegen und verschiedene Orte zu erkunden.
Astralhände	Eine Technik, bei der die Energie des Astralkörpers verwendet wird, um physische oder energetische Heilung auf Distanz zu bewirken.
Astralkörper	Ein immaterieller, feinstofflicher Körper, der als Vehikel für das Bewusstsein in nicht physischen Dimensionen dient.
Astralreisen	Bewusstes Verlassen des physischen Körpers mit dem Astralkörper, um andere Dimensionen oder Orte zu besuchen.
Atemenergetische Therapie	Therapeutischer Ansatz, der den Atem nutzt, um Energiefluss und -gleichgewicht im Körper zu fördern und somit körperliches und emotionales Wohlbefinden zu unterstützen.
Ätherleib	Subtiler Körper, der feinstoffliche Energien beinhaltet und den physischen Körper umgibt und unterstützt.
Bewusstsein	Der Zustand des Gewahrseins und der Selbstwahrnehmung, in dem wir unsere Gedanken, Emotionen und Handlungen reflektieren und steuern können.
Biofeld/Aura	Biofeld oder Aura beschreibt ein Energiefeld, das alle Lebewesen umgibt und durchdringt. Dieses Feld repräsentiert die Lebensenergie oder das Qi, die sowohl physische als auch emotionale Aspekte des Lebens beeinflusst. Die Aura ist in der Regel in verschiedene Schichten oder Farben unterteilt, die jeweils unterschiedliche Aspekte der Persönlichkeit, des Bewusstseins und der Gesundheit widerspiegeln. Biofelder sind ein zentrales Konzept in vielen alternativen und spirituellen Heilpraktiken, einschließlich Energieheilung, Chakra-Arbeit und HumanEnergetik.
Biopotenzial	Das innewohnende Vermögen eines Individuums, sich spirituell zu entwickeln und seine persönliche Energie für Wachstum, Heilung und Transformation zu nutzen.

Biorhythmus	Die natürlichen, zyklischen Veränderungen in Körper, Geist und Emotionen, die das Wohlbefinden und die Leistungsfähigkeit beeinflussen können und mit energetischen Fluktuationen in Verbindung stehen.
Biosphäre	Die Gesamtheit aller Lebewesen und ihrer natürlichen Umgebung, die miteinander in einem fein abgestimmten Gleichgewicht der Energie und Ressourcen interagieren.
Blaupause	Einzigartige Muster und Schablonen, die die energetische Struktur und spirituellen Aspekte eines Lebewesens bestimmen und beeinflussen.
Chakras/ Energiezentren	Chakras sind Energiezentren, die entlang der Wirbelsäule verteilt sind und in vielen spirituellen und energetischen Heilpraktiken eine zentrale Rolle spielen. Sie repräsentieren die Verbindungspunkte zwischen dem physischen Körper und dem feinstofflichen Energiekörper. Es gibt insgesamt sieben Haupt-Chakras, die jeweils unterschiedlichen physischen, emotionalen und spirituellen Aspekten des Lebens zugeordnet sind. Eine ausbalancierte Aktivität der Chakras wird als Schlüssel zu einem gesunden und harmonischen Leben betrachtet.
Choleriker	Eine temperamentvolle Persönlichkeit, die sich durch Leidenschaft, Energie und Entschlossenheit auszeichnet.
Clan	Untersuchung von Familiendynamiken, einschließlich energetischer und emotionaler Verbindungen, die Generationen übergreifen und die Lebenserfahrungen der Mitglieder beeinflussen.
Curry-Gitter	Ein weiteres globales Netz aus energetischen Linien, ähnlich den Hartmann-Linien, das in Geobiologie und Geomantie erforscht wird.
Denknorm	Gedankliche Muster und Überzeugungen, die von einer Gemeinschaft oder Kultur geteilt und akzeptiert werden.

Disharmonische Frequenzen	Energien, die Unstimmigkeiten oder Ungleichgewichte im energetischen System verursachen, oft im Zusammenhang mit negativen Emotionen oder Erlebnissen.
Diskretion	Fähigkeit, die eigene Energie zu schützen und zu steuern, um unerwünschte energetische Einflüsse und Beeinträchtigungen von außen zu vermeiden.
Ego-Ziele	Persönliche Ziele, die hauptsächlich von Selbstinteresse und persönlichem Gewinn motiviert sind, oft im Gegensatz zu spirituellen oder altruistischen Zielen.
Elektromagnetische Wellen	Wellen, die sowohl elektrische als auch magnetische Felder enthalten und Energie übertragen, wie Licht, Radiowellen und Mikrowellen.
Elektrosmog	Umweltbelastung durch elektromagnetische Felder und Strahlung, die von elektrischen Geräten und Infrastrukturen erzeugt wird.
Energetische Störung	Ungleichgewicht im Energiefluss eines Lebewesens, das zu Disharmonie und möglichen Problemen führt.
Energetische Stressoren	Faktoren oder Umstände, die das energetische Gleichgewicht eines Lebewesens stören und zu Unwohlsein, Disharmonie oder Krankheit führen können.
Energetisches Ungleichgewicht	Zustand, in dem die Lebensenergie eines Lebewesens nicht im Gleichgewicht ist, was zu Disharmonie und Unwohlsein führt.
Energie der Erde	Die lebendige, immaterielle Kraft, die der Natur und dem Planeten Erde selbst innewohnt und als Grundlage für das Leben und die spirituelle Entwicklung dient.
Energieabdruck	Einzigartige energetische Signatur, die von jedem Lebewesen hinterlassen wird und seine persönlichen Erfahrungen, Emotionen und spirituellen Verbindungen widerspiegelt.

Energie-Informationsaustausch	Kommunikation und Interaktion zwischen energetischen Systemen, die Informationen, Schwingungen und Frequenzen teilen und beeinflussen.
Energie-Informations-Isolation	Zustand, bei dem sich ein Individuum energetisch und spirituell abgeschottet fühlt, was zu einem Mangel an Verbindung und Kommunikation mit seiner inneren Weisheit und der umgebenden Energie führt.
Energie-Informationsraum	Dieser ist ein unsichtbares, allgegenwärtiges Feld, in dem Informationen und Energie in Form von Schwingungen und Frequenzen gespeichert und ausgetauscht werden. Dieses Feld verbindet alle Lebewesen und Objekte miteinander und ermöglicht einen ständigen Informationsaustausch auf energetischer Ebene. Der Energie-Informationsraum wird als grundlegendes Element des Lebens und der Existenz betrachtet, das Einfluss auf unsere Gedanken, Emotionen und Handlungen hat.
Energiekreislauf	Die Zirkulation und Verteilung von Lebensenergie durch feinstoffliche und physische Systeme, die zur Aufrechterhaltung von Gesundheit, Harmonie und spirituellem Wachstum beiträgt.
Energiestruktur	Das komplexe Netzwerk aus Energiefeldern und -zentren, das den physischen Körper durchdringt und unterstützt.
Erdenergie	Erdenergie bezieht sich auf die heilende und nährende Kraft, die von der Erde selbst ausgeht. Diese Energie wird oft als harmonisierend und ausgleichend beschrieben und hilft dabei, den physischen, emotionalen und spirituellen Zustand des Menschen zu stabilisieren. Durch verschiedene Techniken wie energetisches Heilen oder Erdungsübungen kann man sich mit der Erdenergie verbinden, um innere Balance, Ruhe und Wohlbefinden zu fördern.
Farbfrequenz	Energetische Qualität von Farben, die sich in Frequenzen ausdrückt und Einfluss auf Stimmung und Wohlbefinden hat.

Feinstofflicher Energiekörper	Unsichtbares Energiefeld, das den physischen Körper umgibt, durchdringt und mit Lebenskraft versorgt.
Geistige Sphäre	Bereich des Bewusstseins und der Intelligenz, der sich auf Gedanken, Ideen und innere Wahrnehmungen konzentriert und die persönliche Entwicklung beeinflusst.
Geomantie	Praxis, die energetische Eigenschaften von Landschaften und Umgebungen untersucht, um harmonische und heilende Orte zu identifizieren.
Geopathogene Strahlung	Natürliche Erdstrahlung, die möglicherweise gesundheitsschädlich ist, wenn sie auf Wohn- oder Arbeitsbereiche einwirkt.
Gesetz der Energieerhaltung	Prinzip, dass die Gesamtmenge an Energie in einem geschlossenen System konstant bleibt und Energie weder erzeugt noch zerstört, nur umgewandelt werden kann.
Gesetz der Resonanz	Prinzip, dass ähnliche Energien oder Schwingungen einander anziehen und beeinflussen, was in persönlichen und kollektiven Erfahrungen zum Ausdruck kommt.
Göttlicher Wille	Konzept, das die höchste Weisheit und Führung repräsentiert, die einem Menschen hilft, seinen wahren Lebensweg und Zweck zu erkennen und zu verwirklichen.
Hartmann-Linien	Ein globales Netz aus energetischen Linien, die die Erde überziehen und in der Geobiologie und Geomantie untersucht werden.
Heilungsprozess	Bezieht sich auf den Weg, auf dem ein Individuum seine körperliche, emotionale und spirituelle Gesundheit wiederherstellt und harmonisiert.
Hellhören	Fähigkeit, auditive Informationen oder Botschaften aus der energetischen und spirituellen Welt zu empfangen, die anderen Menschen verborgen bleiben.

Hellsehen	Fähigkeit, Informationen und Eindrücke über die normalen Sinne hinaus wahrzunehmen, die sich auf Ereignisse, Situationen oder Personen beziehen und energetische oder spirituelle Aspekte offenbaren.
Herz-Zentrum	Zentrales energetisches Zentrum, das Liebe, Mitgefühl und tiefe Verbindung mit anderen Lebewesen symbolisiert und fördert.
Höheres Selbst	Die spirituelle Essenz eines Individuums, die mit der Quelle allen Seins und der inneren Weisheit verbunden ist und als Führer und Unterstützung dient.
Intuition	Innere Weisheit und Führung, die es ermöglicht, Einsichten und Informationen aus der energetischen und spirituellen Welt zu empfangen, um Entscheidungen zu treffen und das eigene Leben in Einklang mit der persönlichen Wahrheit und dem göttlichen Plan zu bringen.
Kehlkopfbereich	Anatomischer Bereich, der die Stimmbänder enthält und in der spirituellen Tradition als Standort des Hals-Chakras gesehen wird, das mit Kommunikation und Selbstausdruck verbunden ist.
Kinästhetik	Die Fähigkeit, Körperbewegungen und -positionen wahrzunehmen und zu interpretieren, die oft in energetischen Heilpraktiken und Achtsamkeitstechniken eingesetzt wird.
Koeffizient	Ein Faktor oder Wert, der in Zusammenhang mit anderen Werten steht und zur Quantifizierung von Beziehungen oder Veränderungen in Systemen verwendet wird, einschließlich energetischer Systeme.
Konflikt	Innerer Widerstreit, der entsteht, wenn persönliche spirituelle Überzeugungen oder Praktiken im Widerspruch zu äußeren Einflüssen stehen.
Krankheit	Verständnis von Krankheit als Manifestation eines Ungleichgewichts oder einer Störung in der Lebensenergie, die sowohl physische als auch emotionale, mentale und spirituelle Aspekte umfasst.

Kreuzbein	Knochenteil oberhalb des Steißbeins, der in der spirituellen Tradition als Standort des Sakral-Chakras angesehen wird, das mit Kreativität, Emotionen und Sexualität verbunden ist.
Lebensenergie	Vitale Kraft, die alle Lebewesen antreibt und erhält, auch bekannt als Prana, Chi oder Qi.
Lebensnorm	Werte und Prinzipien, die das tägliche Leben und die Entscheidungen einer Person leiten und prägen.
Lesen von Informationen	Praxis des Zugangs zu energetischen und spirituellen Informationen, indem man sich auf die Schwingungen und Energien konzentriert, die von Objekten, Personen oder Situationen ausgehen.
Lethargie	Ein Zustand von Trägheit, Erschöpfung oder mangelnder Energie, der aus energetischer Sicht auf blockierte oder unausgeglichene Energien zurückgeführt werden kann.
Licht & Farbfrequenzen	Farben und Licht als Ausdruck von Energie und Schwingungen, die eine spezifische Qualität und Bedeutung haben und unsere energetische Verfassung beeinflussen können.
Magic-Eye-Bilder	Optische Täuschungen, die es ermöglichen, verborgene dreidimensionale Bilder oder Muster zu sehen, indem man den Fokus der Augen ändert, was manchmal als Übung zur Schulung der Wahrnehmung und Intuition verwendet wird.
Melancholischer Mensch	Eine nachdenkliche, introvertierte Persönlichkeit, die sich durch Sensibilität, Tiefe und eine Neigung zur Schwermut auszeichnet.
Negative Frequenz	Energiequalität, die Disharmonie, Unwohlsein und Blockaden verursacht, im Gegensatz zu positiven Frequenzen, die Heilung und Wohlbefinden fördern.
Niedriger Tonus	Zustand verminderter Energie oder Vitalität, der auf energetische Blockaden oder Ungleichgewichte im Körper zurückzuführen sein kann.

Phlegmatiker	Eine ruhige, gelassene Persönlichkeit, die sich durch Beständigkeit, Geduld und Ausgeglichenheit auszeichnet.
Physikalischer Äther	Subtile, nicht greifbare Energie, die das Universum durchdringt und als grundlegende Lebenskraft angesehen wird, die alle Dinge miteinander verbindet.
Physische Störung	Körperliches Ungleichgewicht oder Erkrankung, die das Wohlbefinden und die Gesundheit beeinträchtigt.
Primärelemente (Feuer, Erde, Wasser, Luft)	Grundlegende Kräfte, die unterschiedliche Energieaspekte repräsentieren und in der Natur und den energetischen Strukturen der Lebewesen wirken.
Psychische Störung	Emotionale oder mentale Disharmonie, die den inneren Frieden und das Gleichgewicht einer Person stört.
Psychosomatik	Das Studium des Zusammenhangs zwischen psychischen Faktoren und körperlichen Beschwerden oder Krankheiten, wobei emotionale und energetische Aspekte berücksichtigt werden.
Pyramide	Die geometrischen und energetischen Eigenschaften von Pyramiden, die in spirituellen und metaphysischen Studien als kraftvolle Energie- und Bewusstseinstransformatoren betrachtet werden.
Quantenphysik	Ein Ansatz, der Physik und Spiritualität verbindet, um tieferes Verständnis für das Universum und unsere Rolle darin zu erlangen.
Rad des Schicksals	Symbolische Darstellung der zyklischen Natur des Lebens und der Veränderungen, die jeder durchläuft, um persönliches und spirituelles Wachstum zu erleben.
Reset	Prozess der Reinigung und Ausbalancierung der Energien im Körper und Geist, um ein Gefühl von Erneuerung und Wohlbefinden herbeizuführen.

Resonanzfeld	Ein Energiefeld, das entsteht, wenn Energien ähnlicher Frequenz aufeinandertreffen und sich gegenseitig verstärken, wodurch harmonische oder disharmonische Zustände entstehen können.
Rhythmus	Natürlicher Fluss und Zyklus der Energie im Körper und in der Umwelt, der unsere Lebenskraft, Gesundheit und Wohlbefinden beeinflusst.
Sanguinischer Mensch	Eine optimistische, gesellige und lebendige Persönlichkeit, die sich durch Anpassungsfähigkeit und Enthusiasmus auszeichnet.
Schallwelle	Schwingungsbewegung, die durch die Luft oder andere Medien übertragen wird und in der spirituellen Welt als Träger von Energie und Information gesehen wird, die unsere emotionale und energetische Verfassung beeinflussen kann.
Schutzschild	Ein metaphorischer Ausdruck für die Fähigkeit, sich energetisch vor negativen Einflüssen oder Störungen zu schützen.
Seele	Die Seele bezieht sich auf den immateriellen, unsterblichen Teil eines Lebewesens, der oft als dessen wahres Selbst oder Essenz betrachtet wird. Die Seele ist der Sitz von Emotionen, Gedanken, Bewusstsein und individueller Persönlichkeit. Der Seele wird eine besondere Bedeutung beigemessen, da sie das Bindeglied zwischen dem physischen Körper und dem höheren Bewusstsein oder dem Göttlichen in uns Menschen ist.
Selbstdiagnostik	Methode zur Identifizierung von energetischen Blockaden oder Störungen im eigenen Körper, indem man auf innere Wahrnehmungen und Intuitionen achtet.
Selbstregulierung	Fähigkeit, das innere Gleichgewicht aufrechtzuerhalten und bewusst Verantwortung für das eigene emotionale, mentale und energetische Wohlbefinden zu übernehmen.

Sensibilitätsgrad	Grad, in dem ein Individuum auf energetische und spirituelle Phänomene reagiert, was sich auf die Wahrnehmung, Intuition und Fähigkeit auswirkt, feinstoffliche Energien zu spüren und zu interpretieren.
Steißbein	Knochenteil am unteren Ende der Wirbelsäule, der in der spirituellen Tradition als Ort der Wurzel-Chakra-Energie betrachtet wird, die mit Erdung und Stabilität verbunden ist.
Technogene Strahlung	Künstlich erzeugte Strahlung, die von technologischen Geräten und Anlagen ausgeht und potenziell negative Auswirkungen auf die Umwelt und Lebewesen haben kann.
Transformation	Der Prozess der Veränderung und Heilung energetischer Blockaden oder Disharmonien, um ein Gleichgewicht und eine positive Ausrichtung der Lebensenergie zu erreichen.
Transparenz	Die Fähigkeit, offen und authentisch in Bezug auf die eigenen spirituellen Erfahrungen, Glaubenssysteme und Erkenntnisse zu sein.
Überbewusstsein	Ein erweiterter Bewusstseinszustand, der die Grenzen des individuellen Selbst überschreitet und Zugang zu universellem Wissen und höheren spirituellen Erfahrungen ermöglicht.
Unterbewusstsein	Bezieht sich auf den Teil des Geistes, der nicht direkt von unserem wachen Bewusstsein kontrolliert wird und tiefer liegende Gedanken, Erinnerungen und Emotionen speichert.
Vampirismus	Die Praxis, Energie von anderen Menschen oder Lebewesen abzuziehen, um das eigene Energieniveau zu erhöhen, oft unbewusst und auf Kosten der energetischen Gesundheit der anderen Person.
Verhaltensnorm	Sozial akzeptierte Verhaltensweise, die den Umgang mit anderen Lebewesen und der Umwelt bestimmt.
Weihrauch	Harz von bestimmten Bäumen, das beim Verbrennen aromatischen Rauch erzeugt und in spirituellen und religiösen Praktiken eingesetzt wird.

Weihwasser	Geweihtes Wasser, das in religiösen und spirituellen Zusammenhängen für Reinigungs-, Schutz- und Segenszwecke verwendet wird.
Wirt	Bezugnahme auf den physischen Körper als Träger und Ausdruck der individuellen spirituellen Essenz und Erfahrungen einer Person.
Yang-Energie	Der Gegenpol zur Yin-Energie, der sich durch Aktivität, Männlichkeit, Durchsetzungskraft und Expansion auszeichnet und ebenfalls in der Natur und im menschlichen Leben vorhanden ist.
Yin-Energie	Ein Aspekt der dualen Energie, der sich durch Ruhe, Weiblichkeit, Passivität und Empfänglichkeit auszeichnet und in der Natur und im menschlichen Leben vorhanden ist.

VISION DER HEILAKADEMIE

Unsere Bildungsstätte verbindet Komplementärmedizin mit energetischen Heilmethoden und humanenergetischen Inhalten.

Überzeugungen:

- Heilung ist ein ganzheitlicher Prozess.
- Therapeuten sollten ihre eigenen Erfahrungen reflektieren.
- Der Mensch steht im Mittelpunkt.
- Werte wie Toleranz und Respekt sind uns wichtig.

Unsere Akademie:

- Wir pflegen empathische Lehrmethoden.
- Wir unterstützen die individuelle Entwicklung.
- Wir integrieren aktuelle wissenschaftliche Erkenntnisse.

Unsere Lernenden:

- Ziel: Umfangreiche berufliche Fertigkeiten vermitteln.
- Persönliche Entwicklung ist uns wichtig.
- Ein offener Austausch ist essentiell.
- Menschen jeden Alters und Hintergrunds sind willkommen.

DIE DEUTSCHE HEILERSCHULE

Ihr Interesse an Energieheilkunde und Bewusstseinsbildung erfüllt uns mit Freude. Unser engagiertes Dozententeam hat ein Lehrprogramm entwickelt, das tieferes Selbstverständnis ermöglicht und innovative Karriereperspektiven in der komplementären Medizin eröffnet. Gegründet 2005, haben über 5000 Lernende aus D/A/CH teilgenommen. Unsere Kurse wurden erfolgreich von Fachkräften integriert oder als Berufung gewählt.

Es ist entscheidend, den Zusammenhang von physischem, emotionalem und geistigem Wohlbefinden zu verstehen. Die Zukunft der Medizin betrachtet Erkrankungen als energetische Unausgewogenheiten. Ansätze wie HumanQantenEnergetik oder Bioresonanz sind Vorboten dieses Paradigmenwechsels.

Für Fragen oder Beratung stehen wir gerne zur Verfügung.

Brigitte Seidl-Lichtenberg ist Mitgründerin der renommiertesten Heilerschule in Deutschland. Erst im Erwachsenenalter begann sie, ihre besonderen Wahrnehmungen zu erforschen und für sich und andere einzusetzen.

Sebastian Lichtenberg suchte nach dem Verlust seiner Mutter in jungen Jahren nach alternativen Heilmethoden und entdeckte dabei das geistige Heilen. Die Wege der beiden Autoren kreuzten sich, und 2003 gründeten sie in Seefeld, Bayern, die »Deutsche Heilerschule«. Hier können sich Interessierte beispielsweise als »HumanQuanten-Energetiker« oder »Mediale Lebensberater« ausbilden lassen.

Die Kurse sind praxisorientiert und ziehen Suchende, aber auch Ärzte, Physiotherapeuten und Fachleute aus verschiedenen Bereichen an. Zentral ist das Arbeiten mit Quantenbewusstsein und Informationsfeldern zur Heilung. Die Gründer setzen sich für die Zusammenarbeit von traditioneller Medizin und Energieheilkunde ein und bieten Ausbildungen zum HumanQuanten-Energetiker und Master an, die moderne Heiltechniken vermitteln.

Mehr Informationen unter:
https://www.deutsche-heilerschule.de
Deutsche Heilerschule, Ueringerstr. 1, D-82229 Seefeld

Das Online-Seminar Energetik-Healing zum Buch:
In unserem Online-Kurs „Energetik-Healing“ laden wir dich ein, eine transformative Reise anzutreten, um dein wahres Selbst zu erkunden und ein Leben voller Harmonie und Frieden zu führen.

Warum teilnehmen?
- Erfülle dein Leben mit Harmonie und Frieden.
- Verstehe und verbessere deine Gesundheit auf allen Ebenen.

Im Online-Seminar wirst du:
- Erforsche Bewusstsein und Energiezentren.
- Entdecke das Geheimnis der menschlichen Aura.
- Nutze die heilende Kraft der Atmung.
- Meistere die Kunst der Selbstregulierung.
- Lerne Techniken zur Auflösung von Energieblockaden.
- Verstehe die Wechselwirkung zwischen Biofeld und Äther.

Zusätzlich bekommst du:
- Praktische Übungen zur Stärkung deiner Energie.
- Tipps zur Vorbeugung und Behandlung von Krankheiten.
- Strategien zum Schutz vor negativen Energien.
- Anleitungen zur Reinigung disharmonischer Energien.

Entdecke deine verborgenen Fähigkeiten und finde dein inneres Gleichgewicht. Beginne deine Reise zu ganzheitlicher Heilung!

Anmeldung zum Online-Seminar:
Mehr Informationen unter:
https://portal.deutsche-heilerschule.de/ seminare_ausbildungen/